AI와 다름의 발견

인공지능총서

인공지능 시대입니다. 기계가 인간의 인지를 대신하고, 사물이 인간을 통하지 않고 다른 사물과 직접 커뮤니케이션합니다. 이에 따른 인간 삶과 문명 변화를 정확히 이해·예측·대응하는 것은 이 시대 우리 모두의 과제입니다. 인공지능총서는 인공지능 기술과 환경의 여러 주제를 10가지 키워드로 정리합니다. 관련 개념과 이론, 학계와 산업계의 쟁점, 우리 일상의 변화를 다룹니다. 인간과 기술의 현재, 미래를 세심히 분석합니다.

일러두기

- 인명, 작품명, 저서명, 개념어 등은 한글과 함께 괄호 안에 해당 국가의 원어를 병기했습니다.
- 외래어 표기는 현행 어문규정의 외래어표기법을 따랐습니다. 다만 '딥러닝', '딥마인드', '딥페이크' 등은 관행을 따랐습니다.

AI와 다름의 발견

서호건

대한민국, 서울, 커뮤니케이션북스, 2025

AI와 다름의 발견

지은이 서호건
펴낸이 박영률

초판 1쇄 펴낸날 2025년 2월 3일

커뮤니케이션북스(주)
출판 등록 2007년 8월 17일 제313-2007-000166호
02880 서울시 성북구 성북로 5-11
전화(02) 7474 001, 팩스(02) 736 5047
commbooks@commbooks.com
www.commbooks.com

ISBN 979-11-7307-507-0 03500

책값은 뒤표지에 표시되어 있습니다.

차례

AI와 다름의 발견

'이거 이상한데?' 때때로 주변이 평소와 사뭇 다르다고 느껴질 때, 우리는 이상하다는 표현을 곧잘 쓴다. 매일 아침 걷던 길가에 있는 갓 구운 빵 냄새가 풍기는 빵집, 방문을 여니 떡하니 보이는 책상 위에 놓인 조그마한 선물 상자, 갑작스레 달라진 친구의 말투, 그리고 어제 팔아 버린 주식의 뜬금없는 급등 등, 돌이켜보면 우리의 일상 곳곳에는 이런 유별난 것투성이다. 이처럼 일상은 소소한 차이와 변화무쌍함으로 가득하지만, 우리가 그 모든 것을 감각적으로 놓치지 않고 지켜보기란 결코 쉬운 일이 아니다.

우리는 주로 관심 있는 것들 아니면 해야만 하는 것들에 집중하며 살아가기에도 바쁘다. 공사다망한 삶에 쫓기거나 너무 피곤해서 특별한 것조차 놓치기 쉽다. 매년 꾸준히 챙겨 온 기념일을 깜빡 잊거나, 편지의 각 줄 첫 글자를 세로로 읽으면 '사랑해 어제보다 오늘 더'라는 애정 표현이 숨어 있다는 것도 알아채지 못하거나, 그저 얼굴에 작은 점 하나 더 생긴 것이 알고 보니 피부암이라는 사실도 모르는 것처럼 말이다.

사실 우리 인간은 0.1초 간격의 시각 자극도 구분하고(Quiñones et al., 2021), 수천 가지 냄새를 기억하며(Bushdid et al., 2014), 심지어 엄마 배 속에 있을 때 들은 엄마의 목소리까지도 기억해 태어나자마자 타인의 목소리와 구분한다(DeCasper & Spence, 1986). 복잡한 도로에서 안전하게 운전하고, 사랑하는 사람의 미묘한 감정 변화까지 눈치채는 등 우리의 감각과 인지 능력은 실로 놀랍도록 정교하다.

그러나 이러한 경이로운 능력에도 불구하고, 인간의 인지 능력은 명백한 한계를 지니고 있다. 우리의 뇌는 들어오는 정보를 하나도 빠짐없이 처리할 수는 없으므로, 스팸 메일을 걸러내듯 끊임없이 쏟아지는 감각 정보를 걸러내고 기존 경험과 지식을 바탕으로 세상을 단순화해 인지한다(Tomlin et al., 2015). 이러한 인지적 편향은 과거 단순한 환경 속 반복적인 일상의 생존에는 유리했으나, 정보의 홍수 속에서 살아가는 현대 사회에서는 오히려 걸림돌이 되기도 한다. 뉴스와 소셜 미디어를 통해 전 세계의 정보가 실시간으로 쏟아지고, 복잡다단한 문제가 끊임없이 발생하는 오늘날, 우리의 제한된 인지 능력으로는 모든 것을 완벽하게 파악하고 최적의 판단을 내리기 어렵다. 그만큼 미묘한 변화의 신호를 놓쳐 위기에 빠지거나, 편견과 고정관념에 사로잡혀 잘못된 결정을 내릴 가능성 또한 높아진다. 게다가 쏟아지는 정보의 양 자체가 인지 과정에 큰 부담이 되는 것도 사실이다. 따라서 우리는 인지 능력의 한계로 때때로 아주 중요한 다름을 발견하지 못하기도 하고, 그로 인해 심각한 사고를 초래하기도 한다.

바로 이러한 점에서 인공지능은 인간의 인지 능력의 한계를 보완하고 확장해 주는 강력한 도구로 자리 잡고 있다. 인공지능을 활용해 우리는 수만 개의 의료 영상을 한꺼번에 비교 분석하거나(Zhou et al., 2021), 주식 시장의 이상 거래 패턴을 실시간으로 감지하거나(Safa et al., 2024), 수업 중 개개인의 학습 성향을 세세하게 추적하는 일이 가능하다(김덕진, 2023). 특히 주목할 점은 인공지능이 단순히 많은 양의 정보를 효율적으로 처리하는 것을 넘어, 인간이 미처 발견하지 못한 또는 도출하기 곤란한 새로운 연관성과 특징까지도 잘 포착해 낸다는 것이다(장동인, 2022).

인공지능을 통한 다름의 발견은 우리를 더 이상 중요한 순간을 놓치지 않는 삶으로 인도하고 있다. 질병의 조기 진단, 개인 맞춤형 교육, 자율 주행 사고 예방 시스템처럼 인공지능은 방대한 데이터와 물리적 관계를 학습해 우리 앞에 놓인 복잡한 정보와 미묘한 변화, 심지어 숨겨진 특징까지 놓치지 않고, 우리가 알아차리기 어려운 것을 시의적절하게 알려 준다.

마치 인공지능이라는 새로운 감각 기관을 얻은 것처럼, 인공지능은 우리의 오감을 확장하고 세상과 우주를 더욱 깊이 있게 이해하도록 도와준다. 현미경이 미시 세계를, 망원경이 우주를 보여 준 것처럼, 인공지능은 우리가 미처 보지 못했던 세상의 새로운 차원을 드러낸다. 이는 단순한 기술적 혁신을 넘어, 인류의 인식 지평을 획기적으로 확장하는 인지적 혁명의 시대를 우리가 마주하고 있음을 말해 준다(딥앤와이랩스, 2023). 더욱 흥미로운 점은 인공지능이 발견한 다름이 우리의 이해와 통찰로 이어질 때 비로소 그 진정한 가치가 발현된다는 것이다(박영숙 · 제롬 글렌, 2023). 이렇게 인공지능은 우리가 놓친 것들을 짚어 주는 조력자이자, 더 넓은 시야로 세상을 바라보게 하는 렌즈가 되어 가고 있다(맹성현, 2024). 이러한 인간과 인공지능의 공존은 우리가 꿈꾸는 더욱 풍요롭고 안전한 미래를 현실로 만드는 핵심 동력이 될 것이다.

그렇다면 과연 인공지능과 공존할 우리의 미래는 어

떤 모습일까? 생각의 나래 위에 인공지능이 우리 삶을 어떻게 바꿀지, 그 가능성을 펼쳐 보고자 한다.

다름이 빚어내는 변화: 혁신의 원동력

인류 역사는 다름을 발견하고 이해하며 활용해 변화와 혁신을 이루어 온 여정이라 할 수 있다. 원시 시대, 누군가는 평소에 주로 마주하던 돌멩이와 달리 날카로운 돌을 발견해 최초의 도구를 만들었고, 우연히 발견한 불씨의 따뜻함은 불을 통제하는 법을 터득하는 계기가 되었다. 유럽인들이 확고했던 신념에 의문을 품고 끊임없이 질문함으로써 세계를 탐험하고 새로운 지식을 발견한 것처럼(Harari, 2015), 다름을 좇는 인류의 호기심과 관찰력은 지금까지의 문명의 발전을 이끈 핵심적인 원동력이었다.

특히 이러한 다름의 발견은 과학사에 여러 혁명적 전환점을 가져왔다. 망원경으로 달 표면을 관찰하던 갈릴레오 갈릴레이(Galileo Galilei)는 매끄러운 구형이 아닌 기존 통념과 달리 울퉁불퉁한 모습을 발견했다. 이는 천체가 동그란 모양의 구(球)라는 당시의 믿음을 뒤흔들고 천동설에 의문을 제기하는 중요한 계기가 되었다. 그레고어 멘델(Gregor Mendel)은 완두콩의 세대별 형질의 미세한 차이를 꼼꼼히 기록하고 분석해 유전 법칙을 발견했다. 알렉산더 플레밍(Alexander Fleming)은 우연히 배양 접시에 핀 곰팡이 주변에서 포도상 구균이 자라지 않는 차이를 발견했다. 그는 이러한 다름에 대한 예리한 관찰력을 바탕으로 곰팡이에서 항균 물질인 페니실린을 추출했고, 이는 항생제 분야의 혁명을 가져와 현대 의학 발전에 크게 이바지했다. 이러한 발견은 단순한 우연이 아니라 다름을 놓치지 않는 인류가 가진 예리한 관찰력과 끈질긴 탐구 정신의 결과라 하겠다.

그렇지만 다름의 발견이 항상 즉각적인 혁신으로 이어진 것만은 아니다. 새로운 발견은 종래의 패러다임과 충돌하며 시대적 편견과 고정관념에 의해 배척되곤 했다. 이그나츠 제멜바이스(Ignaz Semmelweiss)는 의사들이 시체 부검 후 손을 씻지 않아 산모들의 패혈증을 초래한다는 걸 발견하고 손 씻기의 중요성을 강조했지만, 당시 의학계의 인정을 받지 못하고 오히려 정신 병원에 격리되어 비극적인 최후를 맞았다. 대륙 이동설을 주장한 알프레트 베게너(Alfred Wegener) 역시 생전에는 학계의 인정을 받지 못했다. 이러한 사례들은 다름의 발견만큼이나 그것을 받아들이는 사회적 수용성 또한 혁신에 중요한 요소임을 보여 준다.

현대 사회에서는 다름의 발견이 더욱더 조직적이고 체계적으로 이루어지고 있다. 기업들은 전략 기획 및 연구 개발 부서를 통해 새로운 차별성을 발굴하고, 이를 바탕으로 혁신적인 제품과 서비스를 개발한다. 예를 들어, 테슬라는 전기차라는 다름을 통해 자동차 시장에 혁신을 가져왔고, 애플은 사용자 친화적인 인터페이스와 디자인을 가미한 스마트폰을 통해 휴대 전화 시장에 돌풍을 일으켰다. 또한 서로 다른 분야의 융합은 더욱 참신한 혁신을 만들어 낸다. 의학과 공학의 만남은 첨단 의료 기기를 탄생시켰고, 예술과 기술의 융합은 새로운 형태의 문화 예술 콘텐츠를 창출하고 있다.

통신 기술의 발달로 실시간 소통이 활발해진 현대 사회에서는 집단 지성을 통한 다름의 발견이 더욱 활발하게 이루어지고 있다. 과거 소수 천재의 전유물로 여겨졌던 혁신적인 발견이 이제는 다양한 배경을 가진 사람들의 협력을 통해 이루어지고 있다. 오픈 소스(open source) 소프트웨어 개발이나 시민 과학 프로젝트는 세계 각지의 수많은 참여자가 각자의 관점에서 발견한 다름을 공유하고 발전시키는 새로운 혁신 모델을 보여 준다. 위키백과(Wikipedia)는 집단 지성을 통해 방대한 지식을 축적하고 공유하는 대표적인 사례다.

다름을 발견하고 이해하는 능력은 급변하는 현대 사회에서 더욱 중요해지고 있다. 교육 현장에서도 단순 지식 암기보다 세상 속 다름을 발견하고 창의적으로 해석하는 능력을 키우는 데 중점을 두고 있다. 다름을 포착하는 능력은 미래 세대가 새로운 도전과 기회를 포착하고 혁신을 이끌어 가기 위한 핵심 역량이 될 것이다.

이처럼 다름의 발견은 단순한 관찰을 넘어 세상을 새롭게 바라보고 재해석하고 혁신하는 원동력이다. 따라서 우리는 일상의 작은 차이부터 인류의 지평을 넓히는 위대한 발견에 이르기까지, 다름이 가진 무한한 가능성을 끊임없이 탐구해야 한다. 그리고 그러한 다름을 인정하고, 다름을 통해 변화를 추구할 때, 우리는 더 나은 미래를 향해 나아갈 수 있다. 따라서 미래 사회에는 무수히 발견될 다름을 존중하고 변화를 적극적으로 수용하는 사람들에게 더 많은 기회가 주어질 것이며, 인공지능은 독창적인 다름의 발견을 위한 핵심적인 기술이라 하겠다.

초연결·초정밀·초개인화: 인공지능이 빚어낼 초현대성 시대

현대 사회는 쉼 없는 기술 발전과 사회 변화 속에서 이제는 새로운 국면으로 접어들고 있다. 우리는 지금 가속화된 현대, 즉 초현대성(hypermodernity) 시대로 진입 중이다. 초현대성은 현대성(modernity)의 이성과 합리성의 추구, 후기 현대성(postmodernity)의 해체주의적 경향을 넘어, 우리가 이제 주변에서 어렵지 않게 볼 수 있는 극단적 개인주의, 감정의 증폭, 그리고 기술 발전에 대한 무한한 믿음을 특징으로 한다(Lipovetsky & Charles, 2005). 특히 인공지능의 비약적인 발전은 초현대성의 핵심 동력으로 작용하며, 초연결성(hyper-connectivity), 초정밀성(hyper-precision), 초개인화(hyper-personalization)라는 세 가지 특성을 주축으로 우리 사회 전반을 재편하고 있다. 초연결 사회에서 수집한 방대한 데이터는 인공지능이 초정밀 분석을 하고 이를 바탕으로 초개인화된 서비스를 제공할 수 있게 해 준다. 초현대성 사회에서는 개별성을 존중하는 인공지능을 통해 각자의 개성을 다각도로 활용하는 사회적 변화를 지향한다. 이러한 변화의 물결은 단순한 기술적 혁신을 넘어, 인류의 생활 방식, 사회 구조, 그리고 문명의 패러다임을 근본적으로 바꿔 가고 있다.

인공지능 기반의 사물 인터넷(internet of things, IoT) 기술은 만물이 네트워크로 연결된 초연결 사회를 구현하고 있다. 여기서 주목할 점은 단순한 정보 교환을 넘어 인공지능이 방대한 데이터를 활용해 보다 합리적이고 효과적인 의사 결정을 가능하게 한다는 것이다. 스마트 도시의 교통 · 에너지 · 환경 인프라는 더욱 안전하고 탄력적으로 운용되며, 스마트 팩토리는 생산과 검수 과정의 자동화와 최적화를 통해 경제성과 품질을 극대화한다. 다만 초연결 사회는 해킹과 개인 정보 유출 위험을 수반하며, 왜곡된 데이터나 편향된 모델은 치명적 의사 결정 오류를 초래할 수 있다. 따라서 연결성이 높아질수록 더욱 철저한 보안 체계가 요구된다.

인공지능은 빅 데이터와 물리 정보 기반 기계 학습(physics-informed machine learning, PIML)을 통해 설명 가능한 분석과 정교한 예측을 실현한다(Karniadakis et al., 2021). 의료 분야에서는 육안으로 포착하기 어려운 미세 종양을 발견하고, 제조업에서는 나노미터 단위의 품질 관리가 가능해진다. 기상 예측과 최적 경로 추정이 더욱 정확해지고, 금융 시장의 변동성도 선제적으로 파악할 수 있다. 이러한 초정밀성은 불확실성을 최소화하고 자원 활용을 최적화해 사회를 더욱 안전하고 효율적으로 만든다.

한편 인공지능에 과잉 의존하게 되면 인간의 분석력과 판단력이 저하될 수 있으며, 인공지능 학습에서의 데이터 편향은 사회적 불평등을 심화할 수 있다(박태웅, 2024). 따라서 추론 과정의 투명성 확보와 편향 최소화가 필수적이다.

인공지능은 개인의 선호도, 행동 패턴, 맥락적 상황을 종합 분석해 최적화된 맞춤형 서비스를 제공한다. 인공지능 튜터는 학생별 맞춤 교육을 실현하고, 추천 시스템은 개인화된 미디어 콘텐츠와 쇼핑 경험을 제공한다. 그러나 이러한 초개인화는 프라이버시 침해 위험을 높이고, 항상 익숙하고 기분 좋은 콘텐츠만을 제공받아 사용자로 하여금 관심 영역 밖의 새로운 아이디어나 중요한 정보에는 노출이 제한된 필터 버블(filter bubble) 효과로 인한 사회적 고립을 심화할 수 있다(소이경제사회연구소 AI연구회, 2022). 따라서 개인 정보 보호 강화와 함께 다양한 관점에 대한 노출을 보장하는 장치가 필요하다.

다름에 대한 시선의 전환: 이상한 것에서 특별한 것으로!

“이건 그거랑 틀리잖아!”라는 말처럼 우리는 종종 다른 것을 틀린 것으로 오인하곤 한다. 이는 우리 사회가 다름에 대해 은연중에 부정적 시각을 품고 있음을 보여 준다. 전통적으로 다름은 정상에서 벗어난 이상으로 간주해 교정이나 극복의 대상으로 여겨 왔다. 그러나 초현대성이 가속화되면서 다름에 대한 우리의 인식과 대응 방식에 근원적인 변화를 맞이하고 있다. 특히 인공지능 시대에서는 다름이야말로 진정 새로운 가치로 빛날 수 있는 원석으로 여겨지고 있다.

인공지능 시스템에서 데이터의 다양성은 모델의 성능과 신뢰성을 결정짓는 핵심 요소다. 획일화된 데이터는 편향된 학습 결과를 초래해 모델의 일반화 성능(generalization performance)을 낮춘다. 즉, 현실 세계의 복잡성을 제대로 반영하지 못하게 된다(Zowghi & Bano, 2024). 따라서 다름은 더 이상 교정의 대상이 아닌, 보석처럼 적극적으로 발굴하고 보존해야 할 가치를 지닌다. 그리고 이러한 가치의 변하는 단순한 기술적 필요성을 넘어, 사회적 다양성을 바라보는 관점의 근원적 전환을 이끌어 가고 있다.

초현대성 사회는 다양성이 극대화되는 사회다. 인공지능은 개인 맞춤형 서비스를 제공하고, 개인의 특성을 하나하나 세심하게 챙긴다. 이는 우리가 모두 각자의 개성과 다양성이 존중받는 사회로 발전할 가능성을 열어준다(송길영, 2024). 하지만 동시에 개인 간의 차이가 더욱 짙어지고, 사회적 분열이 발생할 수 있는 위험 또한 공존한다. 따라서 우리는 다름을 단편적인 차이가 아닌, 사회 발전의 원동력으로 재인식할 필요가 있다.

다름을 인정하고 새로운 가치를 창출하기 위해서는 무엇보다도 교육의 역할이 중요하다. 우리는 다양한 배경과 가치관을 가진 개인들이 서로 교류하고 협력할 때, 창의적인 아이디어가 탄생하고 사회는 더욱 풍요로워질 수 있다는 점을 명확히 인식해야 한다. 미래 세대는 다양한 관점을 이해하고, 합리적인 분별을 위한 비판적 사고능력을 함양해야 한다. 인공지능은 우리가 그러한 다름을 인지하고 해석하는 것을 도우며, 그러한 다름이 실제로 사회 속에서 유익한 가치를 창출하는 데 탁월한 도구로 자리매김할 것이다.

반면 다름의 추구와 그 가치의 성장은 오히려 현존 인류인 호모 사피엔스가 수 세기에 걸쳐 구축해 온 신념과 사회 구조에 큰 위협이 될 수 있다(Roche et al., 2023).

초개인화 사회에서 다름의 강조와 차별화가 인류의 보편성을 약화하며, 인간 존재의 의미와 가치를 재평가하고 인간다움에 대한 근본적인 성찰을 불러일으킬 수 있다(Harari, 2017). 이러한 세태는 소셜 플랫폼(social networking service, SNS)에서 인플루언서(influencer)들이 대중의 관심을 끌기 위해 지나치게 자극적인 연출을 하거나, 심지어 범죄적 행위를 일삼는 사건들에서 드러난다. 이는 자칫 평범한 일상의 가치를 무색하게 만들고, 대중의 정서에 불안과 우울을 야기할 위험이 있다. 따라서 인공지능 시대에는 윤리적 가치관을 확립하고, 기술 발전이 사회에 미치는 영향에 대해 끊임없이 성찰해야 한다. 온고지신(溫故知新)의 마음으로 우리가 지금까지 쌓아 온 인류 문명을 더욱 찬란하게 가꿔 가는 데 인공지능이 인간의 존엄성을 훼손하지 않도록 경계하며, 모두에게 유익한 방향으로 발전하도록 이끌어야 한다.

다름의 재인식을 위한 인공지능의 활용: 어디서부터 시작해야 하나?

초현대성 시대를 마주하며 우리는 능동적으로 그 변화의 물결을 즐기는 것에 익숙해져야 한다. 세상의 변화는 우리의 적응을 마냥 기다려 주지 않는다(Johnson, 2015). 쉬운 실천적 전략은 다양한 관점이 어우러지는 대화를 나누며 서로의 다름을 이해하고 존중하는 법을 몸소 배우는 것이다. 예를 들어, 다른 문화와 사람들의 경험이나 취향이 다른 예술 작품에 관해 이야기를 나누거나 뉴스나 책에서 다루는 논쟁적 주제에 대해 함께 토론하는 것은 다름의 가치를 자연스럽게 깨닫게 하는 좋은 방법이다. 이를 통해 세계가 얼마나 다양하고 흥미로운지 느낄 수 있고, 그러한 다름이 다양한 시각으로 해석될 수 있음을 깨달을 수 있을 것이다.

이제 우리는 인공지능을 활용한 창의적 실험을 통해 보물찾기 놀이처럼 그 속에서 독특하고 유별난 특징들을 발견하고 더 색다르게 표현하는 활동을 이어 갈 수 있다. 예를 들어, 인공지능이 생성한 독특한 예술 작품이나 음악을 감상하고, 이를 변주하거나 확장해 보면서 자신만의 독창성을 탐구해 나갈 수 있다. 이처럼 다양한 인공지능 기반의 창작 앱을 활용하면 그림, 음악, 글쓰기에 이르기까지 전문적인 기술 없이도 개인의 취향에 맞는 작품을 쉽게 만들어 볼 수 있다. 이러한 과정은 자신만의 개성과 관점을 구체화할 수 있게 하며, 다름을 이해하는 감각을 자연스럽게 키울 수 있는 기회를 제공한다.

다양한 인공지능 앱을 사용해 처음 접한 그림이나 음악을 분석하며, 그 속에서 독특하고 유별난 특징들을 발견하는 활동도 인공지능 시대의 다름을 탐색하는 효과적인 방법이다. 한 걸음 더 나아가 인공지능 기반 저작 도구를 사용해 그림이나 음악을 더욱 독창적인 방식으로 표현해 보는 것도 창의력을 기르는 데 큰 도움이 된다(O'Toole & Horvát, 2024). 예를 들어, 직접 그린 그림을 인공지능으로 손쉽게 다채로운 스타일로 변화시켜 보고 비교하며 창의적인 아이디어를 나누는 활동은 표현 대상을 다르게 바라보고, 다름을 수용하는 능력을 키우는 데 효과적이다.

그와 동시에 구글의 티처블 머신(Teachable Machine)과 같은 도구를 활용해, 웹캠(WebCam)이나 스마트폰으로 쉽게 모델을 만들어 보면서 인공지능도 편향된 데이터를 학습하면 부정확한 결과를 낼 수 있다는 점을 관찰하는 것도 인공지능의 한계를 이해하는 데 효과적이다. 이는 자칫 인공지능이 특정 인종이나 성별에 대한 편향을 가질 수 있다는 점을 시사하며, 인공지능이 도출한 결과에 대한 맹목적 의존이 아닌 비판적 시각을 갖춰야 함을 일깨운다. 그러한 맥락을 고려하며 인공지능이 미치는 사회적 영향에 대한 담론을 나누며, 인공지능이 잘못된 결정을 내렸을 때 그 결정이 우리 사회와 미래 인류에 가져올 파급 효과를 공감함과 동시에 우려되는 위협을 미리 경계하고, 모두에게 유익한 방향으로 인공지능을 활용하는 전략을 도출해 낼 수 있을 것이다.

인공지능이 가득할 초현대성 시대에는 다름이야말로 새로운 가치를 만들어 내는 중요한 자원이다. 앞서 제시한 능동적으로 실천할 수 있는 노력을 기울인다면, 우리 스스로와 미래 세대가 함께 다름의 의의를 다각적으로 이해하고 인공지능을 활용해 다름을 효과적으로 발굴하고 가치를 불어넣는 법을 배울 수 있을 것이다.

이 책의 구성

이 책은 인공지능이 다름을 발견하고 이로부터 가치를 빚어내는 과정과 그에 따른 우리 일상의 변화와 그 의미를 다각도로 살펴보고자 한다. 각 장에서는 인공지능의 이상 탐지 기술이 우리 일상과 사회 전반에 어떠한 변화를 가져오며, 그러한 변화가 어떻게 우리의 삶에 가치를 더해 줄 수 있을지를 조명한다. 이를 위해 먼저 이상과 다름의 개념을 재정립하고, 인공지능이 이를 인식하고 활용하는 방식을 살펴본다. 이어서 우리의 일상생활부터 사회 전반에 걸친 변화를 탐색하며, 최종적으로는 인류의 인식 지평이 어떻게 확장될 것인지를 조망한다.

1장에서는 이상이라는 개념이 가진 전통적 의미와 그것이 인공지능 시대에서 어떻게 재해석되는지를 다룬다. 이어지는 2장에서는 인공지능이 다름을 감지하고 해석하는 기술적 원리를 살펴본다. 3~9장에서는 이상 탐지 기술이 가져올 일상 속의 구체적인 변화를 다양한 영역에서 살펴본다. 개인의 일상생활에서 시작해, 의료, 교육, 사회 안전, 산업 현장, 예술, 환경에 이르기까지 광범위한 분야에서 일어날 혁신을 탐구한다. 특히 각 영역에서 다름의 발견이 어떻게 새로운 가치를 창출하고 우리의 삶을 향상해 줄 수 있는지에 주목한다. 마지막 10장에서는 이러한 변화가 종합적으로 인류의 인식과 문명에 어떤 영향을 미칠지 전망한다. 인공지능과의 협력을 통해 인류가 얻게 될 확장된 시각과 새로운 가치관, 그리고 이에 따른 도전 과제와 실천적 준비 전략을 제시한다.

이 책은 인공지능 기반 이상 탐지 기술의 청사진을 그리는 것을 넘어, 인공지능 시대에 다름이 가진 의미와 가치를 재발견하고, 이를 통해 더 나은 미래를 설계하는 데 필요한 통찰을 제공하고자 한다. 이 여정은 마치 여행 가이드(tour guide)와 함께 호기심을 가득 품고 떠나는 미래로의 탐험과도 같은 경험이 될 것이다. 모두 함께 인공 지능이 만들어 갈 새로운 시대의 모습을 상상하고, 다름의 가치를 재발견하는 설렘 가득한 눈빛을 띠길 기대한다.

참고문헌

김덕진(2023). 『AI 2024』. 스마트북스.

딥앤와이랩스(2023). 『2024 AI 트렌드』. 한스미디어.

맹성현(2024). 『AGI 시대와 인간의 미래』. 헤이북스.

박영숙 · 제롬 글렌(2023). 『세계미래보고서 2024-2034』. 교보문고.

박태웅(2024). 『박태웅의 AI 강의 2025』. 한빛비즈.

소이경제사회연구소 AI연구회(2022). 『AI와 사회 변화』. MID.

송길영(2024). 『시대예보: 호명사회』. 교보문고.

장동인(2022). 『AI로 일하는 기술』. 한빛미디어.

Bushdid, C., et al.(2014). Humans can discriminate more than 1 trillion olfactory stimuli. *Science, 343*(6177), pp.1370-1372.

DeCasper A. J. & Spence M. J.(1986). Prenatal maternal speech influences newborns' perception of speech sounds. *Infant Behavior and Development*, 9, pp.133-150.

Harari, Y.N.(2015). *Sapiens: A brief history of humankind.* Harper. 조현욱 옮김(2015). 『사피엔스』. 김영사.

Harari, Y.N.(2017). *Homo deus: A brief history of tomorrow.* Harper. 김명주 옮김(2017). 『호모 데우스』. 김영사.

Johnson, S.(1999). *Who Moved My Cheese?.* Vermilion. 이영진 옮김(2015). 『누가 내 치즈를 옮겼을까?』. 진명출판사.

Karniadakis, G. E., et al.(2021). Physics-informed machine

learning. *Nature Reviews Physics, 3*(6), pp.422–440.
Lipovetsky, G. & Charles, S.(2005). *Hypermodern times.* Cambridge, United Kingdom: Polity Books.
O'Toole, K. & Horvát, E. Á.(2024). Extending human creativity with AI. *Journal of Creativity, 34*(2), 100080.
Quiñones, M., et al.(2021). Early visual processing and perception processes in object discrimination learning. *Frontiers in Neuroscience*, 15, 617824.
Roche, C., et al.(2023). Ethics and diversity in artificial intelligence policies, strategies and initiatives. *AI and Ethics, 3*(4), pp.1095–1115.
Safa, K., et al.(2024). WALDATA: Wavelet transform based adversarial learning for the detection of anomalous trading activities. *Expert Systems with Applications, 255*, 124729.
Tomlin, D., et al.(2015). The evolution and devolution of cognitive control: The costs of deliberation in a competitive world. *Scientific Reports, 5*(1), 11002.
Zhou, S. K., et al.(2021). A review of deep learning in medical imaging: Imaging traits, technology trends, case studies with progress highlights, and future promises. *Proceedings of the IEEE, 109*(5), pp.820–838.
Zowghi, D. & Bano, M.(2024). AI for all: Diversity and inclusion in AI. *AI and Ethics*, pp.1–4.

01
이상(異常)이란 무엇인가

인류는 오랫동안 이상을 교정의 대상으로 여겼으나, 역사적으로 위대한 발견과 혁신은 이러한 다름에서 비롯되었다. 인간의 인지로는 모든 다름을 포착하고 활용하기 어렵지만, 인공지능은 미세한 차이까지 발견하며 그 한계를 뛰어넘는다. 이제 우리는 인공지능과 함께 다름을 창조와 혁신의 원천으로 삼아, 더욱 풍요롭고 포용적인 미래를 열어 가야 한다.

매일 아침 정확히 7시에 울리는 알람, 늘 마시던 커피와 집을 나서면 보이는 친숙한 풍경들. 우리는 이런 예측 가능한 패턴 속에서 안락함을 느낀다. 마치 잘 짜인 시계처럼 하루하루가 정교하게 맞물려 돌아가는 듯하다. 하지만 세상은 언제나 우리의 예상을 비웃기라도 하듯 불확실성을 선사한다. 갑자기 내린 폭우로 인한 지하철 지연, 단골 식당의 뜻밖의 폐업, 혹은 실험 데이터에서 발견한 미세한 오차까지. 이런 순간은 우리의 일상이라는 캔버스 위에 떨어진 예기치 않은 새똥과도 같다.

문제는 우리가 이런 다름을 마주했을 때의 태도다. 대부분 우리는 이를 교정해야 할 오류로 받아들인다. 하지만 역사를 되돌아보면, 인류의 가장 위대한 발견들은 종종 이런 이상한 순간에서 시작되었다. 생각지 못한 실험 결과가 새로운 과학 이론으로 이어지고, 우연한 실수가 혁신적인 발명품을 탄생시켰다.

획일성의 그늘: 다름을 지우는 사회

인류는 오래전부터 패턴을 찾고 분류하기를 좋아했다. 밤하늘의 별들을 이어 별자리를 그리고, 동식물을 나름의 기준을 세워 구분하고, 사람들 간에도 공통으로 지켜야 할 사회적 규범을 만들어 왔다. 이러한 분류 체계는 세상을 이해하고 예측하는 데 효과적인 방법으로 인류 문명과 학문의 고도화에 큰 도움을 주었지만, 동시에 우리의 시각을 제한하는 장벽이 되기도 했다.

고대에는 '이상'을 악령이나 귀신의 장난으로 여겼고, 더욱이 중세 시대에는 신의 벌이나 악마의 저주로 간주했다. 이러한 이상에 대한 초자연적 해석은 다소 남다른 특성을 띠는 사람들을 사회에서 격리하거나 심지어 처형하는 잔혹한 결과로 이어졌다. 17세기 유럽의 마녀사냥이나 1692년 세일럼 마녀재판에서 200여 명이 기소되고 20명이 처형된 사건은 그러한 이상에 대한 사회적 공포와 편견이 얼마나 참혹한 결과를 낳을 수 있는지 보여준다(Cummings, 2020). 그 당시 다름은 곧 위험이었고, 따라서 깡그리 제거해야 할 대상이었던 것이다.

근대 사회는 정상이라는 새로운 기준을 만들었다. 마치 동그라미 구멍에 네모 블록을 맞추려 하듯, 다양한 형태의 다름을 특정한 하나의 표준에 맞추려 했다. 즉, 통계적 관점에서는 다수의 평균적 행동에서 벗어난 것을, 사회적 관점에서는 문화적 규범이나 가치관에서 벗어난 것을 이상으로 정의했다. 이러한 정의는 의료, 교육, 사회 전반에서 이상을 결함으로 여기고 교정과 치료의 대상으로 보는 시각을 강화했다. 19세기 정신 병원에서는 환자들의 비정상적 예술 작품조차 일종의 증상으로 기록했다. 하지만 훗날 이 작품들은 아르 브뤼(art brut, 가공되지 않은 자연 그대로의 순수 예술)로서 표현주의 예술의 선구적 사례로 재평가받았다(Jung, 2013).

특히 과학 연구에서 표준을 벗어난 데이터는 오류나 특잇값(outlier)으로 처리하고 비정상으로 간주해 버려지고, 교육 현장에서는 특이한 질문을 던지거나 답변을 내놓는 학생은 돌아이로 낙인찍히기 일쑤다. 사회는 마치 거대한 퍼즐처럼 정해진 모양의 조각들만을 요구했고, 그 형태에서 벗어난 조각은 불필요한 것으로 취급하곤 했다. 이처럼 정상이라고 그어 둔 범주를 벗어난 이상을 바람직하지 않은 것으로 보는 시각은, 다름을 인정하지 않고 변화를 거부하는 사회 분위기를 낳았다(Rössler, 2016). 결국 우리는 '이상'과는 다소 거리를 두고 경계하는 법에 길든 것이다.

이러한 이상에 대한 부정적 기류는 현대 사회에도 그림자를 드리운다. 여전히 많은 사람이 자신과 다른 성향을 띠는 이들을 불편해하고, 남다름을 경계하고 거리를 두는 편이다. 하지만 이제 우리는 질문해야 한다. 과연 이 튀어나온 조각이 정말 불필요한 것일까? 어쩌면 이 튀어나온 조각이야말로 우리 사회의 퍼즐에 새로운 형태를 만들고, 더욱 풍성한 그림을 완성할 수 있는 가능성은 아닐까? 뒤늦은 먼 후대가 아닌 지금 바로 우리 앞에서 그 가치가 빛나게 해 줄 수는 없는가? 그리고 그러기 위해서 우리에게는 무엇이 필요한가?

다름의 힘: '이상'에서 발견하는 미래의 가능성

이상은 사실 다른 각도로 본 다름이다. 다름이란 기존의 규범이나 표준에서 벗어난 특징, 혹은 일반적인 기대와 다른 생각이나 행동을 의미한다. 다만 우리가 '이상'을 문제로 먼저 인식하는 습관이 다름의 본질을 탐구할 기회를 가리곤 한다. '이상'은 다름의 한 형태로, 사회적 맥락에 따라 부정적으로 인식되는 경우가 많다. 하지만 다름 자체는 가치 중립적이며, 새로운 가능성을 내포하고 있다. 역사적으로나 과학적으로나 다름은 새로운 가능성과 창의적 가치를 품은 씨앗이 되어 왔다. 사회가 다름을 자연스럽게 포용할 때, 우리는 그 다름 속에 숨겨진 참된 가치를 발견할 기회를 얻는다(Gladwell, 2001).

쓰리엠(3M)의 연구원이었던 스펜서 실버(Spencer Silver)는 강력한 접착제를 개발하려다가 의도치 않게 잘 떨어지는 약한 접착력을 가진 풀을 만들게 되었다. 강한 접착력을 목표로 했었기에 이는 불량에 해당했으나, 이후 그는 동료 아서 프라이(Arthur Fry)와 이를 활용해 쉽게 뗐다 붙일 수 있는 메모지인 포스트잇을 발명하였다. 벨 연구소의 아노 펜지어스(Arno Penzias)와 로버트 윌슨(Robert Wilson)은 연구를 수행하다가 포착한 정체를 알 수 없는 배경 소음을 탐구하던 중, 이 소음이 우주의 시작과 진화를 설명하는 빅뱅의 흔적이라는 사실을 알아냈고 이 덕분에 빅뱅 우주론이 확립될 수 있었다. 오늘날 후기 인상주의의 거장으로 평가받는 빈센트 반고흐(Vincent van Gogh) 또한 생전에는 오히려 정신 질환으로 고통받는 괴짜 예술가로 치부되었다. 그의 강렬한 색감과 독특한 표현 방식의 작품들은 당시 예술계의 기준에서 벗어나 비정상적인 것으로 여겨졌고, 일반인에게도 낯설고 불편하게 느껴졌다.

이들은 모두 표준에서 벗어난 다름에서 혁신의 단서를 찾은 사례다. 이처럼 지나쳤을 법한 이상을 적극적으로 탐구하고 받아들이는 자세가 있을 때, 우리는 새로운 가치를 창출하고 지속 가능한 발전을 이룰 수 있다(Gladwell, 2008). 다름을 단순히 교정할 것이 아니라 다가가고 활용할 수 있는 잠재적인 자원으로 보려는 노력이 필요하다.

더욱이 현대 사회는 예측할 수 없는 변화와 속도로 진

화하고 있다. 다양한 환경과 기술이 만들어 내는 새로운 이상이 점차 많아지고 있는 상황에서, 다름을 포착하고 그 안에서 창조적 가능성을 발견하는 일은 미래 사회의 중요한 자원을 캐는 것과 같다(Gladwell, 2010). 다름을 발견해야 할 가치로 재정립할 때, 우리는 지속 가능한 발전과 문제 해결의 길을 찾을 수 있다. 우리가 앞으로 발견하게 될 이상은 사회적 문제 해결의 실마리가 되거나 새로운 산업이나 가치를 만들어 내는 원동력이 될 여지가 크다.

인간 인지의 한계를 확장하는 인공지능의 가능성

인간의 인지 능력에는 한계가 있어, 모든 다름을 감지하고 분석하기는 어렵다. 우리는 주어진 정보의 범위 내에서만 인식하고 판단할 수 있기에, 정보의 홍수 속에서 무수한 다름을 완전히 처리하지 못한다. 반면 인공지능은 방대한 데이터를 실시간으로 분석하며, 인간이 감지하기 어려운 미세한 패턴과 변화를 찾아낼 수 있다. 이로써 우리가 보지 못하는 정보 속 다름을 발견하고 활용할 새로운 가능성을 열어 주는 강력한 도구가 된다.

인공지능과 함께라면, 다름을 이해하고 활용함으로써

개인 맞춤형 서비스 제공, 혁신적인 기술 개발, 사회 문제 해결 등 다양한 분야에서 발전을 이루고, 더욱 포용적이고 지속 가능한 사회를 만들어 갈 수 있다. 이제는 이상을 틀린 것이 아닌 탐구하고 가치로 전환할 자원으로 바라봐야 할 때다. 인공지능은 다름의 가치를 증진하고, 새로운 시대의 든든한 동반자로서 우리의 길을 함께 열어 줄 파트너가 될 것이다.

참고문헌

Cummings, J. A.(2020). *Abnormal psychology*. Montreal, Canada: Pressbooks.

Gladwell, M.(2001). *The tipping point: How little things can make a big difference*. New York, United States: Hachette Book.

Gladwell, M.(2008). *Outliers: The story of success*. London, United Kingdom: Penguin Books.

Gladwell, M.(2010). *What the dog saw: And other adventures*. New York, United States: Hachette Book.

Jung, H. E.(2013). A Study on the Category and the History of "Art Brut". *Journal of History of Modern Art*, 34, pp.305-330.

Rössler, W.(2016). The Stigma of mental disorders: A millennia-long history of social exclusion and prejudices. *EMBO Reports, 17*(9), pp.1250-1253.

02
이상 탐지의 원리

인공지능은 여러 기법을 통해 정상과 다른 이상 현상을 포착하며, 인간의 감각으로는 포착하기 어려운 '다름'까지 발견해 내어 의료, 금융, 자율 주행 등 다양한 분야에서 쓰인다. 특히 대형 언어 모델과 멀티모달 센서 융합 기술은 더욱 정교하고 폭넓은 이상 탐지를 가능하게 하며, 글, 그림, 음성, 영상 등 여러 데이터를 통합적으로 분석할 수 있게 해 준다.

인간의 눈에는 보이지 않는 것을 보고, 인간의 귀에는 들리지 않는 것을 듣는 인공지능. 마치 초능력처럼 느껴지는 이 능력은 상상 속 이야기가 아닌, 현실에서 인공지능 기반 이상 탐지 기술을 통해 구현되고 있다. 우리의 감각과 인지 능력에는 한계가 있어 놓치기 쉬운 다름을 인공지능은 어떻게 발견하고 의미 있는 정보로 전환하는 걸까? 오늘날 인공지능은 이상 탐지를 통해 우리 생활 속에서 생각보다 훨씬 더 다양한 형태의 '이상함'을 잡아낸다.

예를 들어 병원에서 인공지능은 방대한 의료 데이터를 학습해 수백 장의 컴퓨터 단층 촬영(computed tomography, CT), 자기 공명 영상(magnetic resonance imaging, MRI) 스캔 이미지에서 미세한 종양의 흔적을 찾아낸다. 예전 같았으면 한 장 한 장 확인하던 의료진이 놓쳤을 법한 작은 점 하나가 인공지능에 의해 조기에 발견되어, 한 사람의 생명을 지키는 역할을 할 수 있는 것이다. 금융에서도 인공지능은 사람들의 소비 패턴을 분석해, 어느 날 갑자기 평소와 전혀 다른 방식으로 카드를 사용하는 사례를 포착한다. 예컨대 평소 동네 커피숍이나 마트에서 주로 카드를 쓰던 사람이 갑자기 해외에서 고액 결제를 시도하는 상황이라면, 이는 곧바로 이상 거래로 분류되어 사용자의 금융 안전을 확보하는 데 기여한다. 산업 현장에서도 인공지능은 기계의 진동 소리나 온도 변화를 실시간으로 분석해, 장비가 고장 나기 전에 미리 신호를 포착해 고비용의 정비를 피할 수 있다(박영숙 · 제롬 글렌, 2023).

인공지능은 어떻게 우리보다 먼저 '이상'을 알아차릴까?

인공지능은 방대한 데이터를 학습하고 분석해 정상 패턴과 그렇지 않은 패턴을 구분한다. 인공지능이 정상과 이상을 구분해 내는 방식은 지도 학습(supervised learning), 비지도 학습(unsupervised learning), 강화 학습(reinforcement learning), 오토인코더(auto encorder)를 활용한 재구성 오차 분석 등 다양하다(오미애 외, 2018).

먼저, 지도 학습은 마치 답안이 있는 문제집으로 공부하는 것과 같다. 예를 들어, 수학 문제를 풀 때 답안지가 있어야 정확한 풀이법을 알 수 있는 것처럼, 지도 학습을 통해 인공지능은 어떤 것이 정상이고, 어떤 것이 이상인지 이미 정답이 있는 데이터를 바탕으로 정상과 이상을 구분하는 법을 학습한다.

비지도 학습은 정반대로 답이 없는 문제집을 혼자 풀어 가며 학습하는 자율 학습과 비슷하다. 인공지능은 데이터 속에서 스스로 규칙을 찾아내고 비슷한 것끼리 묶어 가며 어떤 것이 정상적이고, 어떤 것이 평소와 다른지를 파악한다. 이렇게 스스로 데이터를 탐구하는 방식은 인공지능이 데이터 안에 숨겨진 관계나 패턴을 발견하는 데 적합하며, 각 데이터의 정답을 제공하지 않더라도 인공지능은 데이터 간의 유사성과 차이점을 파악할 수 있도록 학습한다.

강화 학습은 과외 선생님과 함께 실시간 피드백을 받으며 공부하는 방식에 가깝다. 인공지능이 문제를 풀 때마다 그 결과가 맞는지 틀린지 바로 피드백을 받으며 점점 더 정확한 답을 찾아 가게 된다. 과외 선생님이 매번 실수할 때마다 교정해 주면서 점점 더 나은 방향으로 가르쳐 주듯, 인공지능도 강화 학습을 통해 실수를 줄여 가며 최적의 답을 찾아낸다. 이러한 방법을 통해 인공지능은 데이터 속 미세한 차이와 일상적 패턴의 변화를 감지할 수 있게 되어, 우리가 놓치는 다름을 발견하는 데 탁월한 능력을 갖추게 된다.

마지막으로, 오토인코더 활용법은 그림 따라 그리기를 가르치는 것과 비슷하다. 아이가 원본 그림을 보고 최대한 비슷하게 따라 그리듯이, 인공지능은 정상적인 데이터를 보고 이를 재현하는 법을 학습한다. 정상 데이터를 입력하면, 마치 그림을 따라 그리듯이 입력된 데이터를 복원하는 훈련을 한다. 이 과정을 통해 오토인코더는 정상 데이터의 특징을 효과적으로 학습한다(Ryu et al., 2022). 예를 들어, 공장에서 정상적으로 작동하는 기계의 소리를 인공지능에게 학습시키면, 인공지능은 이 정상적인 소리를 최대한 비슷하게 따라 내는 법을 배운다. 그러다 어느 날 기계에 문제가 생겨 평소와 다른 소리가 나면, 인공지능은 배웠던 소리와는 사뭇 다른 이 소리를 제대로 따라 내지 못한다. 원본 소리와 인공지능이 따라 낸 소리의 차이가 크면 클수록, 그 소리는 정상에서 벗어난 이상 신호일 가능성이 큰 것으로 간주된다.

이상 탐지의 새로운 차원: 대형 언어 모델과 멀티모달 센서 융합

인공지능은 대형 언어 모델(large language model, LLM)과 멀티모달 센서 융합(multimodal sensor fusion)을 통해 더욱 깊이 있고 넓은 시각으로 이상을 포착하고 활용한다(오순영 · 하정우, 2024). 지피티(generative pre-trained transformer, GPT)와 같은 대형 언어 모델은 대화형 인공지능에 그치지 않고, 사람들이 평소 주고받는 통화나 문자, SNS 게시물, 이메일 등을 분석해 일상에서 눈에 띄지 않는 이상을 탐지해 낼 수 있다. 예컨대 사용자 데이터에서 특정 증상이나 감정을 반복적으로 언급하면, 이 패턴을 통해 우울증, 불안 장애와 같은 정신 건강 문제를 조기에 예측할 수 있는 것이다.

한 걸음 더 나아가 멀티모달 데이터 융합(multimodal data fusion)은 글(text), 이미지(image), 영상(video), 신호(signal), 점군(point cloud)과 같은 여러 형식(modality)의 데이터를 결합해 단일 형식의 데이터만으로는 포착하기 어려운 새로운 관점을 제공한다(딥앤와이랩스, 2023). 예를 들어 자율 주행차에서는 카메라, 라이다, 레이더가 함께 작동해 단순한 차선 인식 이상의 복잡한 도로 상황을 고려해 특이점을 포착한다. 또 다른 예로, 스마트 헬스 케어 기기는 사용자의 심전도, 혈압, 혈당을 실시간으로 분석하며, 그 사이에서 포착한 미묘한 변화를 감지해 건강 위험이 다가오고 있음을 경고한다. 이렇게 여러 데이터를 융합하는 방식은 하나의 정보만으로는 도출하기 어려운 잠재적 위험을 더욱 정확하게 탐지하게 해 준다.

미래의 이상 탐지: 더 깊고, 더 넓게, 더 정교하게!

이상 탐지를 인공지능이 잘할 수 있는 이유로 크게 두 가지를 꼬집어 볼 수 있다. 첫째는 방대한 데이터를 통해 정상과 비정상의 미묘한 차이를 스스로 학습하고 분석할 수 있다는 점이다. 예를 들어 수많은 환자의 의료 데이터를 학습한 인공지능은 실시간으로 쌓이는 개개인의 생체 정보를 24시간 365일 분석하며 정상과 비정상의 차이를 데이터 특징만으로 구분할 수 있다. 둘째는 단순한 규칙이 아니라 패턴과 상관관계를 통해 사람이 놓치기 쉽거나 도통 포착하기 어려운 패턴의 변화와 이상을 발견할 수 있다는 점이다. 예컨대 금융 거래에서 인공지능은 고액 결제뿐 아니라 특정 시간대, 위치, 사용자 기기와의 관계 등 여러 정보로부터 다각적으로 비정상적인 조합을 감지할 수 있다(Alla & Adari, 2019).

더욱이 미래 사회에는 모든 사물과 공간이 서로 연결되어 실시간으로 정보를 주고받는 초연결 네트워크가 구축될 것이다. 도로 위의 모든 자율 주행 차량은 서로의 위치와 속도, 목적지 정보를 공유하며, 인공지능은 이를 분석해 차량 흐름의 이상을 즉각 감지하고 최적의 우회 경로를 제시할 것이다. 우리가 늘 착용하고 있는 기기를 통해 수집되는 생체 정보는 국가별, 지역별, 업체별, 공정별, 시기별 전체의 건강 지도를 그려 내어, 전염병의 조기 확산을 막고 의료 자원을 효율적으로 배치하는 데 활용될 것이다. 건물과 도시 인프라에도 카메라를 비롯한 수많은 센서가 설치되어 구조물의 안전성, 에너지 사용량, 인구 밀집도 등이 실시간으로 모니터링될 것이다.

인공지능은 이러한 멀티모달 센서 데이터를 통합 분석해 건물의 노후화, 지진이나 화재의 전조 현상, 비정상적인 군중 움직임 등을 사전에 감지하고 경고할 수 있다. 도시의 모든 공간이 지능화되어 시민들의 안전을 능동적으로 지켜 줄 것이다. 이처럼 미래의 이상 탐지 기술은 개별 시스템의 모니터링을 넘어, 우리 사회 전반의 패턴을 이해하고 예측하는 데 활용되며 일상 전반의 최적화를 위한 핵심 인프라가 될 것이다. 이를 통해 우리는 더욱 안전하고, 똑똑하며, 지속 가능한 미래 도시에서 살아가게 될 것이다(박영숙 · 제롬 글렌, 2023).

참고문헌

딥앤와이랩스(2023). 『2024 AI 트렌드』. 한스미디어.

박영숙 · 제롬 글렌(2023). 『세계미래보고서 2024-2034』. 교보문고.

오미애 외(2018). 기계학습(Machine Learning) 기반 이상탐지(Anomaly Detection) 기법 연구-보건사회 분야를

중심으로. 연구보고서 2018-16. 한국보건사회연구원.
오순영 · 하정우(2024). 『2025 AI 대전환: 주도권을 선점하라』. 한빛비즈.
Alla, S. & Adari, S. K.(2019). *Beginning Anomaly Detection using Python-based Deep Learning*. New Jersey: Apress.
Ryu, S., et al.(2022). Quantile autoencoder with abnormality accumulation for anomaly detection of multivariate sensor data. *IEEE Access*, 10, pp.70428-70439.

03
개인화된 일상을 뒷바라지할 이상 탐지

인공지능 기반 이상 탐지 기술은 일상의 미세한 특징까지 감지해 우리의 취향과 행동 패턴을 분석하며, 질병 발생 가능성 예측과 건강 관리, 개인 맞춤형 추천, 일정 관리, 정보 큐레이션 등의 라이프스타일 컨설팅을 제공한다. 개인 비서처럼 일상의 다양한 데이터를 분석하고 관리하며 업무 처리까지 대신해, 풍요롭고 편리한 삶의 동반자가 되고 있다.

인공지능은 이상 탐지를 통해 우리의 일상에서 미세한 변화를 감지하고, 각자의 고유한 특성, 즉 나의 남다름을 포착해 개인 맞춤형 콘텐츠는 물론이고 초개인화된 일상 경험을 제공할 것이다(박영숙 · 제롬 글렌, 2023). 마치 아이언맨의 비서 자비스처럼, 인공지능이 실시간으로 우리 주변을 분석하고 단순히 개인화된 추천을 제공하는 것에 그치지 않고, 이에 대한 우리의 반응까지 관찰해 나의 변화에 맞게 모델을 업데이트할 것이다(Ford, 2019). 이를 통해 인공지능은 사용자의 취향과 특성을 더욱 예리하고 적확하게 파악하며, 우리와 함께 성장하는 삶의 동반자가 될 것이다.

인공지능이 포착하는 우리의 일상 속 작은 신호들

인공지능은 우리가 만들어 내는 그리고 우리와 관련된 모든 정보를 활용해, 일상에서 일어나는 무의식적인 미묘한 변화를 인식하고 이를 바탕으로 나의 다음 선택에 도움을 주는 정보 및 처리를 도와줄 수 있다(R&D정보센터, 2020). 비단 우리가 늘 보여 준 습관에서 벗어난 것들뿐만 아니라 평소 무질서하게 이뤄졌던 것들 속에서 점점 선명해지는 질서까지도 포함해 발견할 수 있다. 평소에 늘 걷던 거리에서 간판이 바뀐 새 가게를 보았을 때, 항상 스쳐 지나가던 나의 시선이 무언가에 끌려 따라갈 때, 가던 발걸음을 멈춰 서서 두리번거리며 주변을 파악할 때, 누군가를 만날 때면 유달리 심박수가 달라질 때, 수많은 동네의 배달 음식점에서 주문해 오다 점점 주문 횟수가 늘어나는 특정 식당의 메뉴가 생길 때 등 우리의 삶 속에서 나타나는 작은 특별함까지도 인공지능은 이상 탐지 기술을 통해 하나하나 세심하게 포착한다. 이를 바탕으로 우리와 상호 작용함으로써 우리가 일상의 행복을 추구하는 데 더욱 만족스러운 선택을 할 수 있도록 도와줄 것이다(맹성현, 2024).

인공지능의 취향 저격: 개인 맞춤형 추천 시스템

인공지능은 우리의 음악, 영화, 쇼핑 취향까지 우리의 문화, 예술, 재화의 소비 패턴 전반을 학습하고 대중적인 유행뿐만 아니라 우리가 만나는 사람들의 반응까지 고려한 최적의 추천을 제공할 것이다. 예를 들어 스트리밍 서비스의 인공지능은 우리의 시청 이력을 바탕으로 흥미를 끌 만한 콘텐츠를 선별해 추천한다. 콘텐츠의 캐릭터 유형이나 연출 스타일, 이야기 전개 방식까지도 분석해 나만을 위한 추천을 제공한다. 평소 독특한 설정의 SF 영화 후기를 즐겨 본다면, 인공지능은 사용자가 좋아할 법한 비슷한 분위기의 영화나 드라마를 제안해 주는 것이다. 그와 더불어서 추천 콘텐츠에 대해서 내일 만날 친구들이 어떤 부분을 더 오래도록 재미있게 보았을지 유추해 주목해서 시청해야 할 포인트까지 짚어 줄 수 있다. 이는 단순히 유사한 콘텐츠를 제공하는 것을 넘어, 개개인의 미묘한 취향과 상관관계와 효용성을 발견하고 콘텐츠 활용 전략까지 컨설팅해 주는 소위 취향 저격형 이상 탐지라 할 수 있다.

물론 특정 장르의 영화를 즐겨 보던 우리가 색다른 장르를 시청하기 시작하면, 인공지능은 이 변화까지도 인식해 해당 변화가 일상에서 어떤 변화와 관련이 있는지 도출해 내고 그렇게 변화된 취향에 맞는 일상 전반에서 색다른 추천을 제공한다. 쇼핑에서도 인공지능은 우리의 과거 쇼핑 기록을 분석해 개인의 스타일과 독특한 취향을 포착해, 단순히 인기 있는 제품이 아니라 나만의 개성을 드러낼 수 있고 효용성과 경제성이 높은 상품을 추천한다. 예를 들어, 패션 쇼핑에서는 사용자의 체형, 색상 선호도, 평소 좋아하는 스타일, 지금까지 구입한 옷의 스타일, 경제적 여건, 가격 대비 구매 결정력 등을 학습해 완벽히 개인화된 스타일을 제안할 수 있다. 가구 쇼핑에서도 인공지능은 집 안의 다른 가구와 조화롭고, 우리의 생활 방식에 최적화된 제품을 추천한다. 이렇게 인공지능이 소비자의 고유한 취향을 포착하고 이를 쇼핑 경험에 반영해, 쇼핑의 즐거움과 합리성을 한층 더 높일 수 있다. 이러한 개인 맞춤형 추천 시스템은 사용자 경험을 더욱 풍부하고 다채롭게 향상하고, 개인의 삶에 훨씬 밀착된 서비스를 제공한다(Ford, 2019).

실시간 뮤직 튜닝과 비디오 스타일링: 나만의 취향을 반영한 예술의 재창조

음악 감상에서도 인공지능은 우리의 취향을 반영해 맞춤형 뮤직 튜닝을 제공한다. 예를 들어, 평소 차분한 음악을 즐겨 듣는 이들에게는 신곡을 느리게 부르는 가수의 스타일과 톤으로 조정하거나, 특정 악기 소리를 강조해 더 부드러운 감상 경험을 제공한다. 심지어는 곡의 후렴구나 뒤이어 이어질 법한 부분을 인공지능이 지금까지 우리가 좋다고 평가했던 음악적 요소를 고려해 창작해 들려줄 수도 있다. 영상 콘텐츠에서도 인공지능은 우리가 선호할 법한 배우 조합, 조명이나 색감, 의상, 특정 장면 또는 작품 전체의 미장센(mise-en-scène)을 세밀하게 조정해 개인화된 시청 경험을 선사할 수 있다(Foster, 2022). 이러한 맞춤형 조율에서 핵심은 개개인의 독특한 취향을 포착해 최적화된 경험을 제공할 수 있어야 한다는 점이다. 그래야 단순한 추천을 넘어 흥미와 만족도를 최대화해 최적의 개인화 콘텐츠 감상 환경을 선사할 수 있다. 이러한 기술은 예술의 향유를 창작자로부터 감상자로의 단방향 작용에서, 감상자 또한 작품의 재창조에 개입함으로써 양방향 상호 작용형 동적인 예술의 혁신을 가속할 것으로 예상된다. 이는 감상자와 창작자의 경계를 낮추고, 모두가 본인의 개성을 가미해 창작자로서의 활동과 새로운 장르를 개척하는 것을 가능하게 한다.

나만을 위한, 나만에 의한, 나만의 개인 비서: 개인 맞춤형 라이프 컨설팅

매일 아침 마주하는 지난밤 사이 전 세계에서 올라온 무수한 소식들, 그중에 무엇이 중요하고 또 우리가 알아야 할 것은 무엇인지 하나하나 살피기에는 검토해야 할 정보가 너무나 많다. 어디 그뿐인가. 그새 쌓은 이메일, 각종 청구서, 냉장고에 남은 재료와 그걸로 할 수 있는 요리, 내일 만나기로 한 연인과 가기로 한 식당 예약, 세탁을 맡겨 둔 정장은 언제쯤 오는지 등, 소소할지라도 우리가 파악하고 챙겨야 할 것은 이루 말할 수 없이 많다. 그럴 때마다 '이런 거는 누가 좀 대신 알아서 챙겨 주면 얼마나 좋을까?'라며 떠올린 상상을 인공지능 기반 이상 탐지 기술을 갖춘 우리만을 위한 인공지능 개인 비서는 현실로 만들어 줄 수 있다(李開復・陈楸帆, 2023).

인공지능은 우리가 평소 읽는 뉴스 주제나 기사, 보고서를 분석해, 각 개인에게 가장 유익할 법한 자료를 핵심만 요약해서 큐레이션한다. 개인 일정과 습관을 학습해 알맞은 알림과 사전 검토 결과 보고와 제안을 제공한다. 예를 들어 매일 아침 운동하는 이들에게 날씨나 건강 상태를 고려해 적합한 운동을 권장하거나, 정기적인 약 복용 시간이나 일일 수분 섭취량을 추적해 사용자 건강을 관리하는 데 도움을 준다. 일정상 이동이 필요한 경우, 현재 위치와 이동 경로를 고려해 최적의 시간에 알림을 준다. 외부와의 상호 작용이 필요한 복잡한 업무도 인공지능 비서는 대형 멀티모달 모델(large multimodal model, LMM)과 컴퓨터 자율 제어 시스템, 음성 생성 기능 등을 활용해 해결한다. 예컨대, 여러 사람과의 모임을 주선하기 위해 참석자들과 이메일을 통해 약속 가능 일자를 조율하고, 직접 전화를 걸어 장소를 예약하고, 약속 당일 이동하기 위한 항공권이나 기차표, 콜택시까지 예약해 우리가 손 하나 까딱하지 않고도 약속 장소까지 갈 수 있도록 안내할 수 있다(하정우 · 한상기, 2023).

인공지능 비서는 시킨 것만 하는 데 그치지 않고 우리의 라이프 스타일과 일정, 일상의 패턴을 세세히 분석해, 그때그때 가장 필요한 조언과 정보를 제공한다. 마치 아이언맨의 자비스처럼 인공지능은 일과를 예상하며, 사용자가 바쁜 하루를 잘 계획하고, 중요한 사항을 놓치지 않도록 정신적으로 물리적으로 모든 면에서 돕는다. 중요한 프레젠테이션이 있는 날에는 발표 준비 팁이나 과거 유사한 발표와 관련된 자료를 미리 정리해 주고 예상 질문과 답변까지 제시해 준다. 이처럼 인공지능은 사용자에게 최적화된 정보를 제공하며 일상 속 중요한 순간을 세심하게 관리해 주며, 소소한 잡일에서부터 복잡한 일 처리까지 지원하며 사용자가 더 편리하고 건강한 삶을 영위할 수 있도록 돕는다(권오욱 외, 2021).

참고문헌

권오욱 외(2021). 디지털 개인비서 동향과 미래. ≪전자통신동향분석≫, 36(1), 1-11쪽.

맹성현(2024). 『AGI 시대와 인간의 미래』. 헤이북스.

박영숙 · 제롬 글렌(2023). 『세계미래보고서 2024-2034』. 교보문고.

하정우 · 한상기(2023). 『AI 전쟁』. 한빛비즈.

R&D정보센터(2020). 『뉴노멀 시대 지능형 첨단센서 및 AI기반 산업별 최신기술 동향분석』. 지식산업정보원.

李開復 · 陈楸帆(2021). *AI 2041: Ten Visions for Our Future.* 이현 옮김(2023). 『AI 2041』. 한빛비즈.

Ford, M.(2018). *Architects of intelligence: The truth about AI from the people building it.* Packt Publishing. 김대영 외 옮김(2019). 『AI 마인드』. 터닝포인트.

Foster, D.(2022). *Generative deep learning.* Sebastopol, United States: O'Reilly Media, Inc..

04
몸의 변화를 간파하는 이상 탐지

인공지능은 스마트 기기에서 수집한 생체 신호와 건강 데이터를 실시간으로 분석해 질병 조기 진단과 개인 맞춤형 운동 프로그램, 식단 추천, 스트레스 관리 방안 등을 제시한다. 특히 방대한 의료 데이터를 신속히 분석해 진단 정확도를 높이고 원격 진료를 통해 의료 서비스 접근성을 개선함으로써, 포괄적 헬스케어 시스템의 핵심 동력이 되고 있다.

침실의 스마트 베개부터 손목의 스마트워치, 홈캠과 스마트폰까지 요즘 일상 속 기기는 다양한 방식으로 우리의 생체 신호와 움직임 변화에 관한 정보를 모으고 있다. 우리 몸이 보내는 미세한 신호를 한순간도 놓치지 않고 포착하는 이 작은 기기들은 이제 단순한 전자 기기가 아닌, 건강 관리의 조력자로 떠오르고 있다. 특히 인공지능 기반 이상 탐지 기술은 이 신호들을 종합적으로 분석해, 내 몸이 나타내는 희미한 이상 특징을 조기에 포착해 필요한 조치를 미리 알려 줌으로써 발병 확률을 예측하고 위급 상황을 예방하는 데까지 발전했다.

예를 들어 스마트워치는 사용자의 걸음 수, 심박수, 수면 패턴을 모니터링하며, 평소와 다른 신호가 발생하면 이를 즉각 인지해 건강 관리에 필요한 정보를 제공한다. 이렇게 인공지능은 초연결된 일상에서 미세하게 변하는 개인의 상태를 실시간으로 파악하고, 필요한 대응을 추천하며 초개인화된 맞춤형 건강 관리가 가능하도록 해 준다(Galić et al., 2023).

침대와 손목이 알려 주는 건강 신호: 나만의 헬스 코치

침실에 있는 스마트 베개와 스마트 침대는 우리가 잠든 사이 우리의 건강 상태를 살핀다. 스마트 침대와 베개는 수면 중 호흡, 뒤척임, 체온 변화를 관찰하며 수면의 질을 분석한다. 자면서 몇 번을 뒤척였는지, 깊은 수면 단계가 어느 정도 지속되었는지, 혹은 호흡 패턴에 불규칙한 변화가 나타나지는 않았는지 세밀하게 살펴본다. 이런 작은 변화는 그저 지나칠 수 있지만, 이 데이터를 바탕으로 인공지능은 수면 무호흡증이나 만성 피로의 초기 신호를 감지해 낼 수 있다. 어느 날 몸의 피로도가 높아져 수면의 질이 저하될 때, 인공지능은 평소와 다른 수면 패턴을 감지해 휴식이 필요하다고 알림을 줄 수 있다. 수면 시간과 패턴이 평균보다 짧거나 자주 깨는 경우라면, 인공지능은 숙면을 돕기 위한 스트레칭이나 명상 방법을 추천할 수도 있다.

나아가, 손목에 차는 스마트워치나 손가락에 끼우는 웨어러블 링, 스마트 목걸이 등은 우리의 생체 신호를 24시간 온종일 실시간으로 감지한다. 예를 들어, 삼성전자의 갤럭시 웨어러블 링은 체온, 심박수, 혈중 산소 농도까지 추적해 사용자가 겪는 스트레스나 피로도를 평가하고, 필요할 때는 휴식과 스트레칭, 산책을 권장하기도 한다. 활동량이 줄어들고, 혈압이 오르기 시작한다면 가벼운 산책이나 운동을 추천하는 등 인공지능은 우리가 일상에서 실천할 수 있는 맞춤식 건강 솔루션을 제공한다. 마치 내 몸 상태를 속속들이 아는 개인 헬스 트레이너처럼, 인공지능은 일상에서 수집한 데이터를 실시간으로 분석해 건강 이상이 감지되면 즉각적으로 경고를 보낸다. 이는 원격 진료의 상시화에 이바지해, 도서 지역이나 의료 취약 계층의 의료 접근성을 향상하고 보편적 의료 복지의 수준을 높여 주는 효과를 가져온다(이시언 외, 2024).

개개인의 건강 정보가 모여 만드는 건강 지표

이렇게 우리의 건강 상태를 지켜보며 쌓이는 수많은 데이터로부터 보편적 건강 지표를 얻을 수 있다. 물론 이 과정에서 우리의 건강 정보는 개인 정보에 해당하기 때문에 누구의 정보인지 알 수 없도록 엄격히 비식별화되어서 활용된다. 이를 통해, 인공지능은 개개인의 데이터를 분석할 뿐 아니라, 다른 사람들의 데이터와도 비교해 개개인의 건강 상태를 보편적인 통계적 기준과 대조한다. 예를 들어, 내 심박수가 평소보다 높게 측정되었다면, 인공지능은 나와 비슷한 또래와 비슷한 생활 방식을 가진 사람들의 평균 심박수와 비교해 진짜 이상인지 아닌지를 판단한다. 이를 통해 내 상태가 같은 연령대나 비슷한 생활 방식을 가진 사람들 사이에서 평균적으로 어디쯤 위치하는지 통계적 분석을 통해 알려 준다.

보편적 건강 기준은 인공지능이 다수의 데이터를 학습하면서 더욱 정교해지므로, 인공지능은 우리의 건강 정보가 누적되어 갈수록 개개인의 건강 상태를 더 깊이 이해할 수 있고 그만큼 우리의 건강상 이상 징후를 점점 빠르고 더 정확하게 감지해 낼 수 있게 된다.

실시간 모니터링 및 통합 건강 지표와의 비교를 통한 질병 예측

이렇게 수집한 데이터는 단순히 현재 상태만 평가하는 데 그치지 않고, 미래에 나타날 수 있는 건강 상태와 질환의 종류와 발병 시기, 심각도, 수술 필요 여부, 치료 방식별 완치율까지도 예측할 수 있다. 따라서 현재 건강 상태뿐만이 아닌 이러한 삶의 습관이 빚어낼 미래의 건강 상태까지 고려한 건강 관리 전략을 수립하고 실천할 수 있도록 일상에 즉시 적용해 볼 만한 변화를 제안할 수 있다(맹성현, 2024). 예를 들어, 평소보다 낮은 산소 포화

도가 자주 측정되거나 활동량이 현저히 줄어든다면 인공지능은 이를 이상 특징으로 인식해 조기에 사전 진단을 제안할 것이다. 평소 쓰는 단어 빈도나 질의응답, 보행 패턴 등을 통해 정신적 질환이나 치매와 같은 인지 장애를 초기에 진단해 조기 대응이 가능해진다.

이처럼 인공지능은 실시간으로 변화하는 데이터를 기반으로, 단순히 현재를 평가하는 것이 아니라 나의 건강 상태가 향후 어떻게 변화할지를 예측하고 이에 필요한 조치를 제안해 준다. 또한 나와 비슷한 신체 상태를 가진 사람들의 데이터를 참고해 그에 맞는 관리법을 제안한다. 이를 통해 인공지능은 단순히 이상 신호를 감지하는 것을 넘어, 보편적인 건강 기준과 나의 고유한 데이터를 반영해 개인화된 예방적 건강 관리를 가능케 한다. 특정 유전자를 가진 사람들에게 발병 위험이 큰 질환을 사전에 경고하고, 이들에게 적합한 식단과 운동을 추천하는 식이다. 이처럼 인공지능은 단순한 분석 도구가 아니라, 나와 다수의 데이터를 바탕으로 개개인에게 필요한 맞춤식 건강 관리 솔루션을 실시간으로 제공하며 건강 관리와 예방을 실현하는 건강 동반자로 자리 잡고 있다(이시언 외, 2024).

효율적이고 정확한 건강 이상 진단: 나와 모두를 위한 정밀 의료의 시대

인공지능 기반 이상 탐지 기술은 환자와 의료진 모두에게 더욱 정밀하고 효율적인 의료 환경을 제공한다. 미래의 병원에서는 인공지능 기반 사전 진단 시스템이 중심이 되어, 방대한 의료 데이터를 빠르고 정확하게 분석해 검토 자료를 정리해 줌으로써 의료진이 더욱 신속하고 정확한 의학적 판단과 결정을 할 수 있도록 지원할 것이다(Zhou et al., 2021).

병원 내에서 인공지능은 방사선 촬영(X-ray), 컴퓨터 단층 촬영(CT), 자기 공명 영상(MRI) 등 수천수만 장의 의료 영상 속 비정상적인 특징을 순식간에 분석해 질병 의심 부위를 도출한다. 과거라면 의료진이 하나하나 직접 확인해야 했던 영상을 인공지능이 몇 초 만에 분석해 내면서, 미세한 병변이나 종양, 초기 질환의 징후를 훨씬 빠르게 발견할 수 있다. 이로써 의료진의 진단 정확도와 속도가 크게 향상될 뿐 아니라, 환자의 조기 치료 가능성도 높아진다. 예를 들어, 암 조직의 미세한 패턴까지 분석해 내어 암의 발병 확률을 조기에 진단하고, 환자에게 최적화된 치료 방법을 제안할 수 있다. 이는 환자 개개인의 상태에 맞춘 정밀 의료로 이어지며, 기존 진단에서 누

락될 수 있었던 작은 이상을 인공지능이 발견함으로써 전체 의료 서비스의 질을 높인다.

인공지능의 도입은 고비용의 진단 과정과 시간 소모를 줄여 의료 시스템 전반의 비용 절감 효과를 낳는다. 원격으로 수집된 환자의 생체 정보를 실시간으로 분석해, 필요한 경우 인근 병원과 연계하거나 의약품을 빠르게 제공하는 방식으로도 활용될 수 있다. 이러한 원격 의료 서비스는 환자와 의료진 간의 거리와 비용 장벽을 허물며, 누구나 정밀하고 빠른 진료를 받을 수 있도록 돕는다. 특히 인공지능은 표준화된 진단 프로토콜을 통해 의료 서비스의 질을 유지하면서도 의료 시스템의 과부하를 줄인다.

인공지능은 의료 현장에서 의료진의 업무 부담을 줄이고 간호사와 함께 협력하는 의료 지원 기술로 활용될 수 있다. 예를 들어, 환자의 생체 신호를 지속적으로 모니터링하고, 상황에 따라 의료진에게 경고를 보내거나 긴급 조치를 취할 수 있다. 또한 인공지능은 수술 과정에서도 실시간 모니터링을 통해 작은 오류나 실수를 발견해 자동으로 수정하거나 의료진에게 경고해 의료 절차의 정확성을 높인다. 수술 중 발생할 수 있는 오차를 줄이고, 재활 과정에서는 환자의 운동량과 회복 속도를 분석해 맞춤형 재활 프로그램을 제공하기도 한다. 이러한 인공지능 기반의 자동화와 정밀 조정은 의료 안전성을 높이는 동시에, 환자의 회복 속도와 치료 효율성을 극대화한다.

참고문헌

맹성현(2024). 『AGI 시대와 인간의 미래』. 헤이북스.

박도휘 외(2024). AI로 촉발된 헬스케어 산업의 대전환, Vol. 89-2024. 삼정KPMG.

이시언 외(2024). 잠들지 않는 디지털 혁신, 슬립테크의 부상. 삼정KPMG.

Galić, I., et al.(2023). Machine learning empowering personalized medicine: A comprehensive review of medical image analysis methods. *Electronics, 12*(21), p.4411.

Zhou, S. K., et al.(2021). A review of deep learning in medical imaging: Imaging traits, technology trends, case studies with progress highlights, and future promises. *Proceedings of the IEEE, 109*(5), pp.820-838.

05
세심한 교육을 가능케 할 이상 탐지

인공지능은 각 학습자의 고유한 특성과 잠재력을 정밀하게 분석해, 개인별 맞춤형 학습 전략을 제시하고 약점은 보완하며 강점은 극대화하는 교육 동반자로 진화하고 있다. 특히 학습자의 감정과 행동 패턴을 분석해 정서적 지원까지 가능하게 하며, 이를 통해 전인적 성장을 도모한다. 교사에게는 학생 개개인의 상태에 대한 통찰력 있는 피드백을 제공한다.

인공지능은 이제 단순히 학업 성취를 돕는 도구를 넘어, 각 개인의 고유한 특성과 잠재력을 발견하고 성장시키는 평생 교육의 동반자로 자리 잡고 있다. 특히 인공지능의 이상 탐지 기능은 개개인의 다름을 정밀하게 분석해 강점은 극대화하고, 약점은 보완해 주는 맞춤형 성장 전략을 제시할 수 있게 도울 수 있다. 이렇게 인공지능은 학생뿐만 아니라, 성인 학습자와 직업인에게도 개인화된 학습을 제안해 평생에 걸쳐 개개인이 가진 잠재력을 발견하고 증진해 삶 전반에 최대한 발휘할 수 있는 길을 열어 줄 것이다(맹성현, 2024).

맞춤형 학습 지원: 개개인의 다름을 발견하고 존중하는 최적의 학습 경험 제공

인공지능 기반 이상 탐지는 학생 개개인의 학습 지원을 넘어서, 전체 교육 과정의 품질과 효과성을 향상하는 데도 이바지하게 된다. 인공지능 기반 학습 플랫폼에서는 학생이 자주 틀리는 문제 유형이나, 학습에 어려움을 겪는 주제를 실시간으로 파악하고 보충 학습이나 설명을 제안한다(Ford, 2019). 이를 통해 학습자는 자신의 학습 패턴을 이해하고, 자기 주도적인 학습 능력을 키울 수 있다. 만약 수학 수업에서 어려움을 겪는 학생이 반복적으로 오답을 내는 문제 유형이 있다면, 인공지능은 그러한 오답 경향을 포착하고 해당 문제 유형의 특징을 분석함으로써 학생이 이해하지 못한 핵심 개념을 파악해, 추가 문제 풀이를 제안하거나 적절한 설명을 제공한다. 이 과정에서 학생은 자신의 취약점을 빠르게 보완하며, 학습 과정을 더욱 체계적으로 관리할 수 있다.

또한 특정 문제 유형에 대한 오답 경향이 다수의 수강생에게서 공통으로 나타난다면, 이는 교육 프로그램의 개선점을 도출하는 데도 활용될 것이다(박영숙 · 제롬 글렌, 2023). 예컨대, 특정 과학 개념을 설명한 후 학생들이 유독 해당 개념이 포함된 문제에서 어려움을 겪고 있다면, 인공지능은 이를 분석해 해당 개념을 다루는 수업 내용이나 문제 설명 방식에 개선이 필요함을 시사할 수 있다. 이를 바탕으로 교육자는 학생들의 이해를 돕기 위해 수업 자료를 보완하거나 학생들이 더 이해하기 쉽게 설명 방식을 바꿀 수 있으며, 생성형 인공지능을 통해 보다 직관적인 이해를 위한 예시 그림이나 영상을 제공해 줄 수도 있다(서유미, 2023).

인공지능은 학생의 학습 몰입도와 피로도를 감지해, 개별 학습 리듬을 조절하는 기능도 갖추고 있다(맹성현, 2024). 예를 들어, 학생이 수업 도중 집중력이 높아지면

더 깊이 생각할 수 있는 도전 과제를 추가하고, 반대로 피로도가 올라가면 흥미를 끌 수 있는 간단한 퀴즈나 짧은 영상을 제안해 학습 효율을 유지하게 한다. 최근 연구에 따르면, 피로도를 고려한 학습은 단순한 암기 중심의 학습보다 성취도가 20% 이상 높아진다는 결과가 있으며, 이는 인공지능의 정교한 학습 조절이 학습 성과 향상에 실질적인 도움이 됨을 보여 준다.

미래의 교실에서는 교사가 증강 현실(augmented reality, AR) 안경을 착용해, 여러 학생의 실시간 학습 상태를 동시에 확인할 수 있는 환경이 구축될 수 있다(맹성현, 2024). 증강 현실 안경을 통해 교사는 학생의 주의 집중도, 표정 변화, 과제 수행 속도 등의 데이터를 한눈에 볼 수 있어, 필요한 피드백을 신속하게 제공할 수 있다. 만약 수업 중 집중력이 떨어지는 학생이 감지되면 인공지능이 교사에게 그 학생의 상태를 알려 주고, 교사는 해당 학생에게 추가 설명을 제공하거나, 수업 참여를 독려할 수 있다. 이를 통해 교사는 다수의 학생이 있는 환경에서도 개별 맞춤형 피드백을 놓치지 않고 제공할 수 있다. 또한 인공지능은 학생의 행동과 언어적 표현을 관찰해 개별 성장을 지원하는 방향으로 발전하고 있다(박영숙 · 제롬 글렌, 2023).

태블릿으로 제출한 학생의 일기를 분석해 감정이나 언어 사용 패턴을 파악하고, 이를 통해 감정의 변화나 스트레스 정도를 교사에게 알려 주는 기능도 구현될 수 있다. 인공지능은 자연어 처리 기술을 통해 감정 표현이 특히 강조된 글을 발견해, 교사에게 해당 학생이 정서적 지지가 필요한 시점임을 알릴 수 있다. 이는 교사가 학생의 심리적 상태에 맞춘 적절한 조언을 제공하는 데 도움을 주어, 심리적 지원이 교육 과정에서 더 원활하게 이뤄질 수 있도록 한다.

나의 강점을 발견하고 자아실현의 길을 제시하는 지기지음

교육 경험 전반을 관찰하는 인공지능은 우리 개개인의 고유한 특성을 깊이 이해하는 소위 절친(切親, best friend)과 같은 역할을 하고 있다. 지기지음(知己之音)이란 상대방의 고유한 소리를 알아주는 친구를 의미하는데, 인공지능은 개개인의 취향과 성향, 그리고 강점을 분석해 평생의 성장을 돕는 맞춤형 전략을 제안한다.

인공지능은 학생이 쓴 글과 그림 속에서 나타나는 선호 주제와 표현 스타일을 분석해, 그 학생의 예술적 감수성이나 독창적 사고를 파악한다. 만약 한 학생이 역사 소설을 즐긴다면, 인공지능은 이 흥미를 확장할 수 있도록 역사 인물 탐구 프로젝트나 스토리텔링 워크숍을 제안해 주며, 학생이 자신만의 세계관과 상상력을 발전시킬 기회를 제공한다. 또 인공지능은 학생이 감명 깊게 본 영화나 즐겨 찾는 전시회에서 드러나는 취향을 포착하고, 이를 바탕으로 창의적 활동을 추천해 그 개성과 잠재력을 십분 발휘할 수 있는 기회를 마련해 준다. 이처럼 인공지능은 학생의 고유한 특성을 반영해 개성과 다름이 빛날 수 있는 맞춤형 학습을 제안함으로써, 지기지음처럼 학생의 내면을 깊이 이해하고 적절한 길을 제시하는 평생 동반자로 자리 잡고 있다(Varsik & Vosberg, 2024).

개성을 존중하고 자신의 가치를 빛내 주는 평생의 라이프 컨설턴트

인공지능은 개개인의 성장을 위한 학습 지원을 넘어, 개인의 성향과 강점을 사회적 가치로 이어 주며 성장하는 평생의 라이프 컨설턴트가 되어 가고 있다. 창의적 사고를 즐기는 학생에게는 가상 현실(virtual reality, VR) 환경에서 세상을 탐험하고 표현하는 과제를 제안하거나, 감수성이 풍부한 학생에게는 공공 예술 프로젝트와 연계된 글쓰기 프로그램을 추천해 사회와 소통할 기회를 제공한다. 이렇듯 인공지능은 학습자의 고유한 성향과 강점을 고려해 사회적 역할을 할 수 있는 성장 로드맵을 제시한다.

미래에는 인공지능이 학생의 글쓰기나 소설 미디어 활동, 프로젝트 참여 기록 등을 종합해 미래형 포트폴리오를 만들 것이다. 예컨대 디지털 예술에 흥미를 보이는 학생에게는 그동안 완성한 작품 속에서 스타일의 남다름을 포착하고, 더 참신한 표현 기법을 제안한다. 이는 학생이 자신의 표현 스타일을 탐구하고 발전시킬 수 있는 기회를 제공하며, 고유한 면모를 발견하고 이를 세상에 선보일 수 있도록 돕는다.

미래의 인공지능 기반 교육은 단순히 '어떤 직업이 적합한가?'라는 질문을 넘어 '나만의 길'을 제시하는 코칭 파트너가 된다(박태웅, 2024). 예를 들어, 환경 보호에 열정을 가진 학생이 인공지능의 추천을 통해 지속 가능한 디자인 프로젝트에 참여할 기회를 얻고, 그 결과물을 탄소 배출을 줄이는 감시 시스템에 적용하는 방식이다. 이를 통해 학생은 자신의 가치관을 반영한 프로젝트로 인한 사회적 기여를 경험하며, 인공지능은 학생의 성장 단계에 맞춰 지속적인 조언을 제공한다. 또한 인공지능은 문화적 취향과 안목을 바탕으로 다양한 경험을 할 기회를 제공한다. 미술에 관심이 있는 학생이 피카소와 고흐의 작품에 감명받았다면, 인공지능은 두 작가의 기법을 분석해 새로운 스타일을 창조하는 창의적 과제를 제안한다. 이로써 학생의 예술적 감각과 개성을 반영하면서도 독창적 시도를 장려해, 예술적 잠재력을 최대한 발휘하도록 돕는다.

참고문헌

맹성현(2024). 『AGI 시대와 인간의 미래』. 헤이북스.

박영숙 · 제롬 글렌(2023). 『세계미래보고서 2024-2034』. 교보문고.

박태웅(2024). 『박태웅의 AI 강의 2025』. 한빛비즈.

서유미(2023). AI 기반 맞춤형 교육을 위한 변화. KERIS 디지털교육 동향 심층호, 12호. 한국교육학술정보원.

Ford, M.(2018). *Architects of intelligence: The truth about AI from the people building it*. Packt Publishing. 김대영 외 옮김(2019). 『AI 마인드』. 터닝포인트.

Varsik, S. & L. Vosberg(2024). The Potential Impact of Artificial Intelligence on Equity and Inclusion in Education. *OECD Artificial Intelligence Papers*, No. 23. Paris, France: OECD Publishing.

06
더욱 안전한 사회를 만들어 줄 이상 탐지

인공지능 기반 이상 탐지 기술은 공공 안전, 금융 보안, 환경 관리 등에서 실시간 위험 탐지와 예방 시스템 구축에 활용되며, 물리적 공간과 디지털 환경에서 필수적인 안전망으로 자리 잡고 있다. 각종 센서 데이터를 분석해 범죄, 재난, 사고의 조기 경보 체계를 구축할 수 있으며, 공항 보안과 금융 거래, 사이버 해킹 등의 모니터링에서도 중요한 기능을 한다.

인공지능은 일상과 사회 전반에서 우리가 미처 알아채지 못하는 위험 신호를 감지하고, 이를 미리 경고함으로써 안전을 보장하는 강력한 도구로 자리 잡고 있다. 영화 〈마이너리티 리포트〉에서처럼, 인공지능이 이상 탐지 기술을 통해 잠재적 위협을 사전에 인식하고 대응하는 사회는 더 이상 공상이 아니다. 범죄 예방과 재난 감지, 일상 속의 개인 안전 관리에 이르기까지 인공지능은 예측적이고 예방적인 안전망을 구축하며 우리의 생활을 더욱 안전하게 바꾸어 가고 있다. 인공지능이 만들어 갈 미래 사회는 각종 위험을 사전에 탐지하고 예방하는 새로운 일상을 가능하게 한다. 인공지능은 이제 단순한 기술을 넘어 현대 사회의 필수적인 보호막이 되어 줄 것이다(Chumachenko et al., 2024).

공공장소와 일상 속 안전을 지키는 인공지능: 실시간 위험 탐지와 예방

미래의 도시는 인공지능이 탑재된 CCTV, 드론, 증강 현실 안경을 통해 일상에서 실시간으로 위험을 감지하고 시민을 보호하는 모습으로 진화할 것이다. 공공장소에서 인공지능 기반 CCTV와 드론이 사람들의 행동 패턴을 분석해 폭력 징후를 감지하거나, 공항 보안 검색대에서

X-ray는 모든 여행자의 가방과 휴대품을 스캔해 무기나 위험물을 실시간으로 감지한다. 인공지능이 이 데이터를 분석해 폭발물, 무기와 같은 위협 물질을 즉각적으로 식별하며, 더욱 안전한 공항 환경을 조성한다. 설령 이를 분해해 여러 사람이 나눠서 시차를 두고 반입하더라도, 해당 항공편을 타는 승객들의 물품 스캔 이력의 조합으로 위험물의 조립 가능성을 추정할 수도 있다.

또한 공항 내부의 CCTV와 증강 현실 안경이 결합되면 이상 행동을 보이거나 공공 안전에 위협이 될 물품을 소지한 사람을 빠르게 파악할 수 있다. 증강 현실 안경을 착용한 보안 요원이 군중 속의 긴장감을 감지하거나, 특정 인물의 위험 요소를 파악해 위험 상황 발생을 미리 경고할 수 있다. 이를 통해 인공지능은 도심의 보이지 않는 수호자로 기능하면서 예측적 경고와 실시간 대응을 강화할 수 있다. 이러한 시스템이 구축되면 시민들은 안전하게 일상을 영위할 수 있을 뿐만 아니라, 보안 담당자는 보다 빠르게 위험을 파악하고 예방 조치를 취할 수 있다 (Dakalbab et al., 2022).

금융 거래와 무역 분야에서 인공지능 기반 이상 탐지 기술은 비정상적 패턴을 실시간으로 분석해 위험을 예방한다. 인공지능은 평소와 다른 규모의 자금 이동이나 비정상적 시간대의 입출금 활동을 감지해 전화 사기나 자금 세탁의 가능성을 신속하게 파악할 수 있다. 특정 계좌에서 빈번한 소액 출금이 이루어지거나, 갑작스럽게 거액이 여러 차례 입출금되는 등 의심스러운 거래가 발생하면 인공지능은 이를 이상 신호로 감지하고 금융기관에 경고를 보낸다(Dhanawat, 2022).

무역에서도 인공지능은 이상 패턴을 감지해 무역 사기나 불법 거래를 차단할 수 있다. 예컨대, 특정 국가와의 무역에서 거래량이 비정상적으로 급증하거나 수출입 상품의 가격이 평소와 크게 달라지는 경우 인공지능은 이러한 변화를 감지해 자금 세탁 또는 불법 수출입의 가능성을 조기에 경고한다. 인공지능은 또한 글로벌 거래 데이터와 연결되어 국제적으로 비정상적인 거래 패턴을 비교 분석하고, 이를 통해 위험 국가나 기업을 식별해 더 안전한 무역 환경을 조성할 수 있다(Bello & Olufemi, 2024).

환경과 재해 관리: 드론과 인공지능 센서의 역할

인공지능은 도시와 산림에서 발생할 수 있는 화재나 환경적 위험 요소도 신속히 감지한다. 도시와 산림에 설치된 다양한 센서와 CCTV가 인공지능과 연결될 때, 인공지능은 연기, 온도 변화, 대기 중의 유해 물질 등을 실시간으로 감지하며 초기 화재의 징후를 포착한다. 산림에 설치된 센서가 미세한 온도 상승과 연기를 감지하면, 인공지능은 즉각 화재 가능성을 판단해 소방대에 알림을 보낸다. 또한 인공지능은 강이나 호수에서 녹조나 오염의 징후를 감지해 생태계에 미치는 영향을 최소화할 방안을 제시한다. 이런 자연환경의 위협 감지 시스템은 산불 예방은 물론, 환경 보호와 생태계 보전에도 이바지하는 인공지능의 또 다른 활용 사례가 된다.

수영장이나 해수욕장에서도 인공지능은 중요한 역할을 한다. 만약 수영장의 CCTV와 결합된 인공지능 시스템이 물속에서 위험에 처한 사람을 실시간으로 감지해 경고할 수 있다면, 익수 사고가 발생하기 전에 안전 요원이 조처할 수 있다. 인공지능이 조난자의 비정상적인 움직임을 빠르게 포착해 구명대나 구급 팀에 신호를 보내면, 위험 상황을 더욱 신속히 해결할 수 있다. 이와 마찬가지로 인공지능과 결합한 증강 현실 안경을 사용한 안전 요원은 넓은 해변에서도 수영객의 안전 상태를 실시간으로 살피며 필요한 지원을 제공할 수 있다. 이러한 인공지능 기반 수호자는 물놀이 사고를 크게 줄여 주며, 더 안전한 해양 환경을 만들어 준다. 인공지능은 인간의 한계를 넘어 빠른 반응을 가능케 함으로써, 생명을 지키는 강력한 파트너가 되어 준다(R&D정보센터, 2020).

개인과 사이버 공간에서의 실시간 위험 감지

인공지능은 일상에서도 개인의 안전을 강화하는 역할을 수행한다. 인공지능 기반 스마트 홈 시스템은 외출 중에도 창문이나 문이 열리는 이상 상황을 감지해 경고를 보낸다(Taiwo et al., 2022). 증강 현실 안경을 통해 사용자가 걷는 길을 안내하며 위험 요소를 실시간으로 파악할 수도 있다.

인공지능은 운전 중에도 우리를 지켜 준다. 인공지능 기반 도로 감지 시스템은 앞 차량의 움직임과 속도를 분석해 졸음운전, 음주 운전, 추돌 가능성을 예측한다. 만약 특정 구간에서 차량의 속도가 불규칙하거나 차선 이탈 빈도가 높아지면, 인공지능은 이를 졸음운전이나 위험 신호로 감지하고 근처의 다른 운전자들에게 주의 경고를 보낸다. 또한 차량 내부에 장착된 인공지능 시스템은 운전자의 눈 깜빡임이나 표정을 분석해 졸음이나 피로를 감지하면 진동이나 경고음을 통해 운전자의 주의를 환기한다. 이러한 인공지능 기반 안전 시스템은 운전자를 사고로부터 보호하고, 도로 위의 모든 사람에게 더 안전한 주행 환경을 제공할 것이다(Qu et al., 2024).

또한 상대방과의 통화 내용과 생체 반응 데이터를 실시간으로 분석해 사기 가능성을 감지하는 것도 가능해진다. 인공지능은 통화 중 사용자의 심박수나 긴장도를 기반으로 대화의 신뢰성을 평가하며, 중요한 질문을 짚고 넘어가야 할 시점을 알려 줄 수 있다. 이렇게 인공지능은 일상에서의 안전 관리 수준을 강화하며, 불안 요소를 사전에 방지하고 신뢰할 수 있는 대화 환경을 조성한다(Malhotra et al., 2023).

인공지능은 디지털 공간에서도 우리를 보호한다. 인공지능은 개인의 금융 거래 패턴과 네트워크 활동을 감시하며, 비정상적 거래나 이상 접속 시도를 신속히 감지해 사이버 공격을 방어한다. 예를 들어, 특정 IP 주소에서 갑자기 대규모 자금 이체가 발생하거나 의심스러운 접속이 확인될 경우, 인공지능은 이를 위험 신호로 인식하고 금융 기관이나 사용자에게 경고를 보낸다. 기업 네트워크에서도 인공지능은 서버에 침입하려는 해킹 시도를 즉각 포착해 방어 체계를 강화한다. 이는 마치 디지털 방패처럼 사이버 보안의 최전선에서 우리를 지켜 주는 역할을 한다(Ozkan-Ozay et al., 2024).

참고문헌

R&D정보센터(2020). 『뉴노멀 시대 지능형 첨단센서 및 AI기반 산업별 최신기술 동향분석』. 지식산업정보원.

Bello, O. A. & Olufemi, K.(2024). Artificial intelligence in fraud prevention: Exploring techniques and applications challenges and opportunities. *Computer Science & IT Research Journal, 5*(6), pp.1505-1520.

Chumachenko, D., et al.(2024). Editorial: Artificial intelligence solutions for global health and disaster response: Challenges and opportunities. *Frontiers in Public Health*, 12, 1439914.

Dakalbab, F., et al.(2022). Artificial intelligence & crime prediction: A systematic literature review. *Social Sciences & Humanities Open, 6*(1), 100342.

Dhanawat, V.(2022). Anomaly detection in financial transactions using machine learning and blockchain technology. *International Journal of Business Management and Visuals, 5*(1), pp.34-41.

Malhotra, S., et al.(2023). Detection and Analysis of Fraud Phone Calls using Artificial Intelligence. *2023 International Conference on Recent Advances in Electrical, Electronics & Digital Healthcare Technologies(REEDCON)*, IEEE, pp.592-595.

Ozkan-Ozay, M., et al.(2024). A comprehensive survey: Evaluating the efficiency of artificial intelligence and machine learning techniques on cyber security solutions. *IEEE Access*, 12, pp.12229-12256.

Qu, F., et al.(2024). Comprehensive study of driver behavior monitoring systems using computer vision and machine learning techniques. *Journal of Big Data, 11*(1), p.32.

Taiwo, O., et al.(2022). Enhanced intelligent smart home control and security system based on deep learning model. *Wireless Communications and Mobile Computing*, 2022(1), 9307961.

07
산업 혁신을 이끌 이상 탐지

인공지능 기반 이상 탐지 기술은 제조업의 품질 관리와 설비 유지 보수, 물류 공급망 최적화, 에너지 믹스 효율화를 통해 산업 전반의 생산성과 지속 가능성을 높이고 있다. 이를 통해 기업들은 비용 절감, 운영 효율 향상, 환경 보호를 동시에 달성할 수 있다. 또한 경쟁사의 기술 분석과 발전 방향 예측에도 활용되어 맞춤형 전략 수립을 도와줄 수 있다.

인공지능 기반 이상 탐지 기술은 문제를 사전에 발견하는 것에 그치지 않고, 산업 전반에 걸쳐 생산성을 높이고 운영을 최적화해 새로운 가치를 창출하는 강력한 도구로 자리 잡고 있다. 제조, 에너지, 물류, 건설 등 다양한 분야에서 인공지능은 스마트 운영을 가능하게 해 경제성을 강화하고, 미래 산업의 지속 가능한 발전을 이끌어간다. 이는 단순한 자동화를 넘어 산업 성장을 돕는 중요한 동반자로 기능하고 있음을 의미한다.

특히 제조업에서는 품질을 높이고 에너지 산업에서는 효율적 에너지 관리를 달성하며 물류와 건설 현장에서는 효율적 운영과 안전 관리를 지원해 경제적 성과를 증대할 수 있다(R&D정보센터, 2020). 매킨지 & 컴퍼니(McKinsey & Company)의 보고서에 따르면 인공지능 기반 예측 유지 보수로 인해 제조업의 생산성은 4% 증가하고, 유지 보수 비용은 5~7% 절감되었다. 프라이스워터하우스쿠퍼스(PricewaterhouseCoopers, PwC)의 연구에 따르면 인공지능은 2035년까지 직원 생산성을 40%까지 향상할 수 있는 잠재력을 가질 것으로 전망된다. 인공지능 기반의 이상 탐지 기술은 미래 산업에서 자원 절약과 효율적 생산을 가능케 해, 지속 가능성과 경제성을 추구하는 새로운 시대를 열어 갈 것이다(Camarella et al., 2024).

스마트 제조와 품질 최적화: 생산성과 효율성 향상

제조업은 작은 결함 하나로도 큰 손실을 초래할 수 있어, 실시간 설비 모니터링과 품질 관리가 중요하다. 인공지능은 제조 공정의 설비와 품질 상태를 실시간으로 분석해 결함 발생 이전에 조치를 자체적으로 취하거나 문제 가능성을 알려 준다(장동인, 2022). 만약 특정 기계의 진동 패턴 변화와 미세한 온도 상승이 포착되면 인공지능이 이를 고장 징후로 감지해 사전에 점검을 유도하는 방식이다. 이를 통해 생산 공정이 멈추는 상황을 방지할 수 있으며 이는 결과적으로 가동률 향상을 가져온다(Dieu, 2024). 실제로 인도의 마코베이트(Markovate)는 인공지능 기반 예측 유지 보수 시스템을 통해 장비 고장을 25% 감소시켜 생산 지연을 줄임으로써 유지 보수 비용을 5% 절감한 사례를 보고한 바 있다.

품질 관리에서도 인공지능이 작은 오차나 결함을 조기에 발견함으로써 불량품이 대량 생산되는 상황을 방지할 수 있다. 예를 들어, 인도의 타타 엘렉시(Tata Elxsi)는 소금 포장 공정에서 99.97%의 정확도를 갖춘 인공지능 기반 품질 검사를 통해 불량률을 90% 줄였으며, 이를 통한 자동화 검수를 통해 40% 이상의 효율성 증대와 70% 이상의 시간 절감을 달성했다고 보고했다. 인공지능은 자재 사용량과 작업 속도를 최적화해 각 공정에서의 효율을 높이고, 고객의 요구를 반영한 맞춤형 제품을 안정적으로 제공할 수 있도록 한다. 덴마크 지멘스 가메사 리뉴어블 에너지(Siemens Gamesa Renewable Energy)는 풍력 터빈 블레이드 검사에 딥 러닝 기술을 활용해 검사 시간을 6시간에서 1.5시간으로 단축한 사례를 보고한 바 있다. 이 기술은 후지쯔(Fujitsu)와의 협업을 통해 개발된 것으로, 비파괴 검사(non-destructive testing, NDT)의 초음파 검사 데이터를 분석해 결함을 신속하게 감지하고, 이를 통해 검사 시간을 75% 절감했다.

이처럼 현재 인공지능 기반 제조 이상 탐지는 상당한 성과를 보이고 있지만, 기술 도입이 까다롭고 고도화된 인공지능 모델인 경우 현장에 따라서는 설명 가능성(explainability)이 낮아 실무자가 이상 감지 이유를 정확하게 이해하기 어려운 한계가 있다. 그만큼 여전히 현장 적용을 위해서는 직관적 데이터의 시각화와 해석을 지원하는 시스템 개발이 필요하다.

물류와 공급망 최적화: 스마트한 유연성으로 비용 절감

물류와 공급망의 유연성은 산업 전반의 경쟁력을 좌우하는 요소다. 인공지능 기반 이상 탐지 기술은 공급망 흐름을 최적화하고 병목 현상을 조기에 파악해 운영의 생산성을 높인다. 예컨대, 특정 창고의 재고가 예상보다 빨리 소진되거나 주요 도로의 교통 혼잡이 발생하면, 인공지능은 이를 감지해 재고 보충과 대체 경로를 제안함으로써 물류 효율을 극대화한다. 또한 명절이나 대규모 할인 기간에는 물류 수요가 급증하는데, 이 시점에 맞춰 인공지능은 대량 주문을 예측해 물류 네트워크를 미리 준비한다. 매킨지 & 컴퍼니(McKinsey & Company)의 조사에 따르면, 인공지능을 도입한 기업들은 15%의 물류 비용 감소 효과를 보고 재고 수준을 35% 개선함과 동시에 서비스 품질은 65% 향상되었다. 이는 효율성의 극대화가 결과적으로 최종 소비자에게 낮은 가격과 빠른 배송 혜택으로 이어짐을 보여 준다(Alicke et al., 2021).

에너지 믹스 최적화와 지속 가능한 에너지 관리

인공지능은 도시와 국가 차원의 에너지 수요를 예측하고 최적의 에너지 믹스를 제안해 효율성을 높인다. 기온

이 급상승할 것으로 예상되는 날에 인공지능은 태양광과 풍력 등의 청정 에너지원 가동을 극대화하고, 화석 연료 사용을 줄여 온실가스 배출을 최소화할 수 있다. 실제로 독일의 알더블유이(RWE)는 인공지능을 활용해 부품 고장 예측으로 유지 보수 빈도를 5% 감소시켰으며, 이를 통해 에너지 생산 비용을 절감하고 연간 에너지 생산량을 증가시킨 바 있다. 또한 보스턴 컨설팅 그룹(Boston Consulting Group)이 구글과 함께 발표한 보고서에 따르면, 인공지능은 2030년까지 전 세계 온실가스 배출량의 5~10%를 감축할 잠재력이 있으며, 이는 유럽 연합(EU)의 연간 총배출량에 해당한다.

이처럼 인공지능은 각 지역의 에너지 사용량과 기상 데이터를 실시간으로 분석해 에너지 공급을 효율적으로 관리하고 에너지 위기 상황에서도 탄력적으로 대처하는 방안을 제시한다. 이러한 시스템은 에너지 수요 급증과 기후 변화에 대한 대응을 효과적으로 수행해 에너지 효율을 극대화한다. 이는 기업뿐만 아니라 정부 차원에서도 비용 절감과 환경 보호 측면에서 긍정적 효과를 가져온다(Dannouni et al., 2023).

이러한 에너지 믹스 최적화에서의 인공지능 도입은 데이터의 정확성이 중요하다. 기상 데이터나 실시간 전력 수요 예측의 신뢰성을 확보하지 못하면 오히려 에너지 과소·과잉 공급 상황이 발생할 수 있다. 따라서 데이터의 정확성 검토와 정기적 업데이트가 필요하다.

기술 차별성과 발전 방향을 발견하는 인공지능 기반 이상 탐지

인공지능은 이상 탐지를 통해 기술 간의 미세한 차이점을 발견하고, 그 기술이 가진 차별적 요소를 더 잘 이해하는 데 이바지할 수 있다. 특정 제조 공정에서 사용하는 로봇 팔의 모터 효율이 경쟁사 제품보다 낮다고 가정해 보자. 인공지능은 모터의 움직임, 온도 변화, 진동 데이터 등을 지속해서 분석해 잠재적 개선 사항과 원인을 밝혀낼 수 있다.

이렇게 발견된 차이는 기존 기술의 문제를 해결할 기회가 되고, 차별성을 확보하는 방향으로 기술 전략을 수립하는 데 중요한 통찰을 제공한다. 또한 자사의 기술과 경쟁사의 기술을 비교 분석할 수 있는 모델을 활용해 상대방 기술의 성능 변화와 발전 추세를 실시간으로 파악할 수도 있다. 이러한 데이터는 향후 자사가 투자할 기술 분야나 개선 방향을 유추하는 데 유리한 자료가 되며, 향후 성장 가능성이 높은 기술에 대해 사전 준비를 할 수 있게 한다.

이상 탐지를 통한 인공지능 분석은 각 산업 분야에서 보유한 기술과 자원의 상태를 평가해 그에 맞는 맞춤형 경쟁 전략을 수립할 수 있도록 돕는다. 만약 자사가 가진 특정 생산 기술의 경쟁력이 상대적으로 약하다면, 인공지능은 내부 자원과 외부 환경을 종합적으로 분석해 자사 기술의 차별성을 확보할 방안까지 제시해 줄 수 있다. 예를 들어, 인공지능이 산업 자원의 상태와 기술 현황을 분석해 현재 수준에서 빠르게 개선할 여지가 있는 기술을 파악하고, 불필요한 자원 투입을 줄이는 방향으로 전략을 조정할 수 있다. 이를 통해 자사의 약점을 보완하고, 경쟁 우위를 확보할 수 있는 선택적 전략을 실행할 수 있다. 즉, 자사 상황에 최적화된 맞춤형 기술 발전 로드 맵을 수립하는 것이다.

참고문헌

장동인(2022). 『AI로 일하는 기술』. 한빛미디어.

R&D정보센터(2020). 『뉴노멀 시대 지능형 첨단센서 및 AI기반 산업별 최신기술 동향분석』. 지식산업정보원.

Alicke, K., et al.(2021). Succeeding in the AI supply-chain revolution. *McKinsey & Company.*

Camarella, S., et al.(2024). Digital twins: The next frontier of factory optimization. *McKinsey & Company.*

Dannouni, A., et al.(2023). Accelerating climate action with AI. *Boston Consulting Group.*

Dieu, L. C.(2024). From downtime to uptime: How AI predictive maintenance is rewriting the rules of manufacturing. *SmartDev.*

08
예술의 평가 기준을 바꿔 갈 이상 탐지

인공지능 기반 이상 탐지 기술은 예술 창작의 새로운 지평을 열고 있다. 예술가들에게 전통적 틀을 벗어난 혁신적 창작 도구를 제공하며, 가상 현실과 혼합 현실 기술과의 결합으로 예술 체험의 경계를 확장하고 있다. 더불어 예술 창작의 진입 장벽을 낮춰 대중화를 이끌고 있으며, 창작의 진정성과 예술적 가치 평가에 대한 새로운 기준 정립을 필요로 한다.

인공지능 기반 이상 탐지 기술은 예술 창작의 전통적 틀을 깨며 지금까지 선보인 적이 없는 다름을 새롭게 조명하고 있다. 인공지능이 포착하는 다름은 단순한 기술적 도구를 넘어 예술가들에게 혁신적인 창작의 아이디어를 제공하며, 예술의 새로운 패러다임을 제시한다. 예술가들은 이제 인공지능을 창조적 파트너로 삼아 다양한 관점에서 창작하고, 더군다나 관람자에게는 독창적이고 몰입감 넘치는 경험을 제공한다.

예술의 변곡점을 이루는 인공지능 기반 이상 탐지 – 새로운 패러다임의 시작

역사적으로 예술은 늘 독창성, 남다름을 통해 혁신을 이루어 왔다. 인상주의 화가들은 빛과 색채를 감각적으로 탐구하며 기존의 회화 규범을 깨트렸고, 입체파 화가인 파블로 피카소(Pablo Picasso)는 시각적 공간을 새로운 방식으로 표현하며 예술에 대한 독창적인 해석을 제시했다. 인공지능 기반 이상 탐지 기술은 그동안 인간이 간파하기 쉽지 않았던 색다름을 포착해 새로운 예술적 가능성을 제시함으로써, 예술의 변곡점을 만드는 혁신적인 자극으로 작용하고 있다(Ford, 2019). 예컨대, 인공지능은 예술가들이 미처 고려하지 못한 색채의 미세한 배합이나 일반적으로 시도되지 않았던 소재의 조합을 발견해 전혀 새로운 방식의 작품을 제안할 수 있다. 예술가 레피크 아나돌(Refik Anadol)은 인공지능을 활용해 데이터 분석 결과를 기반으로 시간의 흐름에 따라 미세하게 변화하는 패턴과 색감을 표현하는 실험적인 작품을 창작했다. 그의 작업은 대규모 데이터 세트를 수집하고 이를 처리해 끊임없이 변화하는 시각적 패턴을 생성하는 데 중점을 둔다. 이러한 작품은 데이터 페인팅이나 데이터 조각으로 불리며, 자연, 도시 환경, 공간 등에서 수집한 다양한 시각적 기억을 기반으로 한 추상적이고 동적인 디지털 캔버스를 형성하고 있다. 이는 인공지능이 예술가들에게 새로운 표현 방식과 색다른 관점을 제시할 수 있음을 보여 준다.

인공지능 기반 이상 탐지는 예술가에게 가상 세계와 물리 세계를 넘나드는 새로운 창작의 가능성을 열어 준다. 가상 현실, 증강 현실, 또는 혼합 현실(mixed reality, MR) 기술과 결합한 인공지능은 예술 작품을 특정 공간의 제약에서 벗어나 어디서나 자유롭게 체험 가능한 이동형 예술 공간으로 재창조해 낸다(李開復·陈楸帆, 2023). 캐나다의 가상 현실 예술가 샤 데이비스(Char Davies)는 무중력 상태와 유사한 몰입형 환경을 구현해,

관람자의 호흡과 움직임에 반응하는 상호 작용형 가상 현실 환경을 통해 물리적 한계를 넘어선 공간적 실험을 가능케 했다. 관람자는 물리적 한계를 넘어서 예술의 세계에 몰입할 수 있고, 예술가 역시 가상 환경에서 기존에 시도할 수 없었던 공간적 실험을 자유롭게 시도할 수 있다. 한편 증강 현실 안경을 활용한 예술 전시는 일상 속 공공장소나 자연환경을 예술적 캔버스로 탈바꿈시켜 준다. 이러한 혁신은 예술 작품을 특정 장소에 국한하지 않고, 도시의 거리나 공원 등에서도 실시간으로 감상할 수 있도록 한다. 이를 통해 예술 감상의 방식이 더욱 다채롭고 폭넓게 확장된다.

예술 창작의 민주화 – 누구나 예술가가 될 수 있는 시대

인공지능은 예술 창작의 기술적 장벽을 낮춰 누구나 자신만의 감각과 아이디어를 자유롭게 표현할 수 있는 환경을 제공하고 있다. 인공지능은 단순한 스케치를 예술 작품으로 발전시키거나, 사용자가 선호하는 색상과 구도를 분석해 창작에 필요한 영감을 제안하는 맞춤형 창작 도구가 되어 주고 있다(장동인, 2022). 스타일러 AI(Stylar AI, dzine.ai)는 초보자가 그린 그림을 기반으로, 다양한 예술 스타일과 색감을 적용해 작품을 완성하는 기능을 제공한다. 사용자는 이를 활용해 자신의 미적 감각을 다양하게 발휘하며 창작의 재미를 느낄 수 있다. 더 나아가, 인공지능은 창작의 방향성을 실시간으로 피드백해 예술적 성취감을 극대화한다. 사용자가 고른 색감이나 선을 분석해 각기 다른 구도나 조화를 제안하는 등 보다 매력적이고 독창적인 예술을 창조하도록 돕는다.

이렇게 예술 창작의 문턱이 낮아지면서 예술은 이제 더 이상 특정 소수만의 영역이 아닌, 누구나 쉽게 다가설 수 있는 문화적 활동이 되어 가고 있다(Stanford Human-Centered Artificial Intelligence, 2024).

인공지능이 바꾸는 예술의 가치와 평가 기준

예술 창작이 민주화되고 작품 수가 폭발적으로 증가함에 따라 근본적으로 예술의 가치를 새롭게 평가할 기준 재정립의 필요성이 거론되고 있다. 인공지능이 독창성과 미적 가치의 판단을 도울 수는 있지만, 창작 과정의 진정성이나 예술적 감성은 결국 인간이 평가하고 가치를 부여해야 할 요소이기 때문이다. 인공지능 기반 예술 작품은 그 창작 과정이 점차 자동화되고 있어, 누구나 쉽게 다양한 작품을 대량으로 창작해 낼 수 있게 되었다. 그만큼 예술의 가치 평가 기준을 새롭게 정립할 필요가 있다. 예술적 가치를 높이는 방향성으로 두 가지 중요한 변화가 요구된다. 첫째, 인공지능의 개입 정도와 창작의 진정성을 결합한 새로운 평가 기준이 마련되어야 한다. 작품의 창의성이나 독창성을 판단할 때, 인공지능이 개입한 정도와 그 과정을 평가할 수 있는 지표가 필요할 것이다. 둘째, 작품이 대중에게 전달하는 감정적 메시지와 인간적 요소의 평가가 더 강조되어야 한다. 단순히 인공지능이 창작한 것이 아닌, 인간적 경험과 감정을 담은 예술로서의 평가 기준이 필요하다(소이경제사회연구소 AI 연구회, 2022).

인공지능은 예술적 표현을 무한히 확장할 수 있지만, 현재로서는 창작 과정의 독창성과 진정성에 한계가 있다. 특히 예술 창작의 민주화가 진정한 예술적 감동을 줄 수 있는지에 대한 회의가 있다. 또한 작품의 진정성과 독창성을 보장하는 방향으로 인공지능의 사용이 정립되어야 한다. 예술적 가치를 유지하면서도, 기술이 창의성을 보조할 수 있도록 인공지능의 개입 범위를 정립하는 것이 중요하다. 이를 위해 인공지능이 인간의 창의적 판단을 보조하는 방향으로 발전해야 한다. 예를 들어, 인공지능이 작품의 초안을 제시하되, 최종 결정은 예술가가 직접 내리도록 하는 방식이나, 인공지능의 결과물에 인간이 독창적인 감각을 더하는 융합 방식이 보편화될 수 있다(맹성현, 2024).

인공지능 기반 이상 탐지를 예술 창작에 도입하려면 예술가와 협력해 단계적으로 접근해야 한다. 먼저, 각 예술 장르에서 인공지능이 어떻게 창작 과정에 참여할 수 있을지를 탐구하고, 예술적 독창성과 기술적 효율성을 결합하는 방식으로 적용해 볼 수 있다. 초기에는 인공지능이 대량의 데이터를 바탕으로 작품의 아이디어를 제공하는 단계에서 시작해, 점진적으로 창작을 주도하는 역할로 확장될 수 있다. 이러한 과정을 통해 창작 초기 단계의 개념 아이디어를 제공하거나, 예술가의 스타일을 분석해 창작 방향을 제안하는 역할로서 인공지능을 적극 활용할 수 있다. 추가로 향후 예술가와 인공지능이 합리적인 창작 파트너 관계를 형성할 수 있도록 하는 법적 · 윤리적 지침을 마련하고, 그에 부합하는 예술적 가치 평가의 기준을 세워야 할 것이다.

결국, 미래 예술에서는 인공지능이 제공하는 무한한 가능성을 인간이 창의적으로 해석하고 독창적인 예술로 발전시키는 패러다임의 변화와 혁신이 중요해질 것이다. 이를 위해서는 인공지능 기반 예술 창작의 한계를 이해하고, 기술의 조력자로서 인공지능의 역할을 분명히 정립하는 과정이 요구된다(Stanford Human-Centered Artificial Intelligence, 2023).

참고문헌

맹성현(2024). 『AGI 시대와 인간의 미래』. 헤이북스.

소이경제사회연구소 AI연구회(2022). 『AI와 사회 변화』. MID.

장동인(2022). 『AI로 일하는 기술』. 한빛미디어.

李開復 · 陈楸帆(2021). *AI 2041: Ten Visions for Our Future*. 이현 옮김(2023). 『AI 2041』. 한빛비즈.

Ford, M.(2018). *Architects of intelligence: The truth about AI from the people building it*. Packt Publishing. 김대영 외 옮김(2019). 『AI 마인드』. 터닝포인트.

Stanford Human-Centered Artificial Intelligence(2023). Generative AI: Perspectives from Stanford HAI. Stanford, United States: Stanford University.

Stanford Human-Centered Artificial Intelligence(2024). Artificial intelligence index report 2024. Stanford, United States: Stanford University.

09
지구 환경을 지켜 갈 이상 탐지

인공지능 기반 이상 탐지 기술은 기후 변화, 에너지 효율화, 자원 관리 등 환경 문제를 해결하는 데 중요한 역할을 하고 있다. 기후 변화의 미세한 신호를 감지해, 재생 가능 에너지 활용도를 높이며, 농업과 산업 현장에서 자원 사용을 최적화한다. 또한 대기와 수질 오염을 실시간으로 감지해 환경 오염을 조기에 차단하고 신속히 대응하도록 돕는다.

기후 변화, 산불, 환경 오염 등 지구 환경 위기가 심화하면서, 환경 변화의 미세한 신호를 신속하게 포착하는 것이 필수 과제로 부상했다. 인공지능 기반 이상 탐지 기술은 이러한 위기의 징후를 정밀하게 감지해 인류가 더 효율적이고 지속 가능한 방식으로 대응할 수 있도록 지원한다. 이 기술은 기후 변화 감시, 에너지 효율화, 자원 관리, 생태계 보호 등 다양한 분야에서 실질적인 성과를 보여 주고 있다.

그러나 인공지능 활용의 확대로 데이터 처리와 에너지 소비가 증가하면서, 에너지 절감을 위한 인공지능 기술의 최적화가 필수적으로 요구된다. 현재의 인공지능 기반 이상 탐지 기술은 빠르고 정확한 감지력을 제공하지만, 전 세계의 기후와 환경 데이터를 효과적으로 수집하고 처리하는 데는 여전히 한계가 있다. 주요 문제로는 데이터 부족, 분석 정확성의 한계, 그리고 실시간 감시 시스템 구축 비용의 부담이 꼽힌다. 더불어 인공지능 시스템 자체가 상당한 에너지를 소비하기 때문에, 저전력 인공지능 시스템 개발과 모델 최적화 또한 중요한 과제로 대두되고 있다(R&D정보센터, 2020).

기후 변화의 미세한 데이터 변화 감지: 지구의 건강 지킴이로서의 인공지능

인공지능은 위성 이미지, 기상 데이터, 해양 데이터를 종합적으로 분석해 기후 변화의 미세한 징후를 조기에 포착한다. 세계 기상 기구(World Meteorological Organization, WMO)에 따르면, 인공지능 기반 이상 탐지 기술 덕분에 기후 모델의 예측 정확도가 약 25% 향상하고, 예측 실패율도 크게 감소했다(Team EMB, 2024). 이를 통해 극지방의 빙하 감소 속도, 산불 발생 빈도, 대기와 해양 온도 변화를 정교하게 추적할 수 있다.

나사(NASA)는 인공지능을 활용해 지구 온도 변화와 빙하 감소율을 실시간으로 관측하며, 이를 통해 남극과 북극의 빙하가 예상보다 빠르게 감소하고 있음을 밝혀냈다. 이러한 조기 경고 시스템은 기후 변화 연구뿐만 아니라 각국 정부가 신속한 대응 전략을 수립하는 데 크게 기여하고 있다(Cawdrey, 2023). 또한 강우량과 지하수 수준 변화를 실시간 분석해 물 부족 위험 지역을 사전에 포착해 경고를 발령할 수 있다. 이를 통해 가뭄이나 물 공급이 부족한 상황이 발생하기 전에 물 관리 계획을 세우고 물을 절약할 수 있게 한다. 아프리카의 일부 지역에서는 인공지능 기반 물 예측 시스템을 통해 물 부족 문제를 미리 감지해 주민들이 대비할 수 있도록 돕고 있다(Song et al., 2023).

인공지능은 재생 가능 에너지의 활용도를 높이고 탄소 배출을 줄이는 데도 활용되고 있다. 태양광과 풍력 에너지는 기후 조건에 따라 발전량의 변동이 심하지만, 인공지능의 예측력을 통해 기후 변화의 영향을 미리 파악해 효율적인 에너지 분배가 가능해진다. 특히 태양광 발전의 경우, 인공지능이 기상 데이터, 위성 이미지, 과거 발전 데이터를 분석해 발전량을 더욱 정확히 예측함으로써 안정적인 에너지원 공급에 기여하고 있다(김창기 외, 2023).

한편 인공지능은 해양의 온도, 염분 농도, 산소 농도 변화를 감지해 산호초와 같은 해양 생물의 건강 상태를 살피는 데에도 쓰인다. 태평양의 산호초는 해양 온도의 미세한 변화에도 민감하게 반응하는데, 영국 과학자들은 인공지능을 통해 산호초가 내는 소리를 분석함으로써 건강한 산호초와 손상된 산호초를 구분할 수 있으며, 92%의 정확도로 산호초의 상태를 파악할 수 있다고 한다. 이는 이러한 변화를 조기에 포착해 산호초가 이상 징후를 보일 때 복원 노력을 우선 지원할 수 있도록 한다(Williams et al., 2022). 이처럼 인공지능은 기후 변화 감시와 재생 가능 에너지 활용을 지원함으로써 환경 문제 해결에 중요한 역할을 하고 있다(R&D정보센터, 2020).

에너지와 자원 효율성 극대화: 지속 가능한 관리 체계 구축

인공지능은 도시와 산업 현장에서 에너지 소비 패턴을 실시간으로 분석하며 에너지원의 효율적 사용을 지원하고 있다. 국제 에너지 기구(International Energy Agency, IEA)에 따르면, 인공지능을 활용한 에너지 관리 최적화는 산업 전반에서 최대 20%의 에너지 절감 효과를 제공하며, 이는 연간 약 7억 톤의 이산화탄소 배출 감소로 이어진다. 실제로 구글은 인공지능 기반 에너지 관리 시스템을 데이터 센터에 도입해 냉각 시스템의 효율을 최적화했으며, 이로써 전력 사용량을 약 40% 절감하는 성과를 거두었다. 이처럼 인공지능은 전력 사용량을 실시간으로 모니터링해 필요할 때만 냉각 장치를 가동하도록 조정함으로써 에너지 효율을 크게 향상하고 있다.

또한 인공지능은 기상 조건과 에너지 수요를 고려해 최적의 에너지 믹스를 구성하고 재생 가능 에너지 자원의 가동 시간을 효율적으로 관리한다. 날씨 변화와 수요 증가를 분석해 태양광이나 풍력 발전의 운영을 최적화함으로써 에너지 낭비를 줄이고 에너지 공급 체계의 안정성을 확보할 수 있다(Li et al., 2024). 농업 부문에서도 인공지능 기반 이상 탐지는 자원 사용 효율을 극대화하며 지속 가능한 관리 체계 구축에 기여하고 있다. 인공지능이 기상 조건과 토양 영양 상태를 분석해 작물 생장에 적합한 비료와 물 사용량을 조정하면, 최대 30%의 자원 절감 효과를 얻을 수 있다. 유럽의 한 농업 단체는 인공지능을 활용한 맞춤형 비료 투입으로 농업 생산 비용을 약 25% 절감한 것으로 보고되었다. 이처럼 인공지능 기반의 자원 관리는 지구 생태계에 가해지는 부담을 줄이는 동시에 농업과 산업의 경제성을 높이며, 지속 가능한 발전을 실현하는 중요한 도구로 자리 잡고 있다(Olatunde et al., 2024).

지속 가능한 성장 전략: 단계적 인공지능 활용

인공지능이 환경 보호와 자원 관리를 지속 가능하게 만드는 데 도움이 되기 위해서는 단계적 접근이 필수적이다. 초기 단계에서는 각 분야에서 수집한 데이터를 통합적으로 관리하고 이를 바탕으로 기반 모델(foundation model)로서 범용성을 띠는 인공지능 모델을 학습시키는 작업이 중요하다. 먼저 그렇게 범용적으로 만들어진 기반 모델의 시범 적용을 통해 이상 탐지 시스템의 정확성을 검증하고, 효과적인 대응 절차를 수립해야 한다. 중기적으로는 인공지능 기반 이상 탐지 시스템을 산업별 · 지역별로 세분화하고 최적화하는 과정이 필요하다. 예컨대, 각각의 지역적 특성과 상황에 맞게 운영되도록 기반 모델에 대해 목적 대상에 특화된 적응(domain adaptation)을 위한 추가 학습을 하는 것이 효율적이다. 장기적으로는 인공지능의 예측력을 더욱 높여, 에너지 효율적 운영을 가능하게 함으로써 환경 보호와 경제적 이익을 동시에 실현하는 것을 목표로 삼아야 한다.

이러한 통합적 접근은 인공지능이 환경 보호에 실질적이고 지속 가능한 기여를 할 수 있는 기반을 제공하며, 기후 변화와 자원 고갈 문제 해결의 중요한 도구가 될 것이다. 결국 인공지능은 환경 보호와 지속 가능성을 위한 든든한 파트너로 자리 잡으며, 지구 환경을 지키는 강력한 도구로서의 역할을 확고히 할 것이다(맹성현, 2024).

참고문헌

김창기 외(2023). 기후 자료 분석을 통한 장기 기후변동성이 태양광 발전량에 미치는 영향 연구. ≪신·재생에너지≫, 19(4), 98-107쪽.

맹성현(2024). 『AGI 시대와 인간의 미래』. 헤이북스.

R&D정보센터(2020). 『뉴노멀 시대 지능형 첨단센서 및 AI기반 산업별 최신기술 동향분석』. 지식산업정보원.

Cawdrey, K.(2023). NASA-funded Study: Half of glaciers vanish with 1.5 degrees of warming. *NASA's Goddard Space Flight Center.*

Li, X., et al.(2024). The impact of artificial intelligence development on urban energy efficiency—based on the perspective of smart city policy. *Sustainability, 16*(8), 3200.

Nullis, C.(2024). United in science: Reboot climate action. *World Meteorological Organization.*

Olatunde, T., et al.(2024). Reviewing the role of artificial intelligence in energy efficiency optimization. *Engineering Science & Technology Journal, 5*(4), pp.1243-1256.

Song, T., et al.(2023). A review of artificial intelligence in marine science. *Frontiers in Earth Science*, 11, 1090185.

Team EMB(2024). The role of AI in predicting climate change ppatterns. *World Meteorological Organization.*

Williams, B., et al.(2022). Enhancing automated analysis of marine soundscapes using ecoacoustic indices and machine learning. *Ecological Indicators*, 140, 108986.

10
확장된 안목을 갖게 될 인류

인공지능은 인간의 인지적 한계를 넘어 더 넓고 깊은 차이를 포착하게 해 주는 새로운 감각 기관이 되고 있다. 확장 현실 기술과 결합한 인공지능 기반 이상 탐지는 장애 극복, 개인화된 경험 제공, 협업 효율 향상 등 다양한 분야에서 다름의 가치를 빛나게 한다. 그만큼 다양성을 존중하면서도 사회적 통합을 이루기 위한 노력 또한 필요하다.

인류는 수천 년 동안 차이를 발견하며 그 속에서 혁신의 단서를 찾아 왔다. 여기서 주목할 점은 이러한 차이가 단순한 인식의 차원에 머물지 않았다는 것이다. 오히려 기존의 지배적이거나 보편적이었던 범주에서 벗어나, 새로운 가치와 혁신을 창출하는 창조적 원천으로 작용했다. 다양한 관점에서 세상을 바라보며 더 나은 미래를 열어 갈 가능성을 발견하고 이를 현실로 만들어 내는 힘은 인류가 가진 고유한 능력 중 하나다. 그러나 인간의 인지와 감각에는 한계가 있다는 점도 분명하다. 우리 앞에 놓인 무수한 차이를 모두 한눈에 알아채기에는 제한이 있을 수밖에 없다.

이 지점에서 인공지능은 우리의 감각을 확장하는 역할을 한다. 더 잘 보고, 더 잘 듣고, 더 잘 읽을 수 있도록 돕는 새로운 도구로서, 인지적 한계를 넘어설 수 있는 사다리가 되어 준다. 인공지능은 우리가 놓쳤던 차이를 포착할 가능성을 극대화하며, 세상을 더 넓고 깊게 이해할 수 있도록 해 준다. 이처럼 인공지능은 새로운 감각 기관으로 작용해, 한층 확장된 안목을 가진 인간으로 발전할 수 있도록 돕고 있다. 이는 인류의 가능성을 강화하는 중요한 전환점이 되고 있다(Stanford Human-Centered Artificial Intelligence, 2024).

확장된 현실에서 빛나는 다름의 가치: 개인화된 경험과 글로벌 협업의 혁신

인공지능은 우리가 미처 알아채지 못한 차이를 포착하고, 이를 통해 다름의 가치를 새롭게 조명하며 우리의 안목을 확장하는 강력한 도구다. 단순히 차이를 인지하는 데 그치지 않고, 그 속에서 새로운 가능성과 혁신의 단초를 발견하는 능력을 증폭해 준다. 특히 인공지능 기반 이상 탐지 기술은 인간의 인지적 한계를 보완하는 방향으로 발전하고 있으며, 장애 극복, 몰입형 체험, 글로벌 협업 등 다양한 분야에서 실질적인 가치를 제공한다.

예를 들어, 청각 장애인을 위해 개발된 앱은 주변 소리를 분석해 일상 소음과 다른 이상 소음(예: 경적, 사이렌, 비명)을 감지하고, 이를 진동이나 시각적 신호로 알려준다. 이로써 청각적 한계를 극복해 더 안전한 삶을 지원한다. 이는 다름을 고려한 기술이 삶의 질을 향상한 대표적인 사례다. 또한 시각 장애인을 위한 기술은 주변 환경의 시각적 정보를 분석해 사물의 형상, 소재, 색상 등의 특징을 구분하고, 이를 음성이나 촉각 정보를 통해 제공한다. 이를 통해 시각적 한계를 극복하고, 주변 환경을 보다 정확히 인지하며 활동할 수 있도록 지원한다.

이처럼 인공지능은 다양한 감각적 차이를 극복해 모

두가 더욱 안전하고 자유로운 삶을 영위할 수 있도록 기여하고 있다(맹성현, 2024).

차이를 넘어 가치로: 인공지능 기반 이상 탐지와 확장 현실 기술의 융합

현실 환경에 가상의 요소를 결합한 증강 현실과 가상 환경에서의 상호 작용을 가능하게 하는 가상 현실을 아우르는 확장 현실(extended reality, XR) 기술과 인공지능 기반 이상 탐지 기술의 결합은 다름의 가치가 더욱 빛날 수 있도록 해 준다(딥앤와이랩스, 2023). 가상 박물관 체험에서 인공지능은 사용자의 시선 추적과 행동 패턴 데이터를 분석해 관심 있는 전시물을 파악하고, 관련된 추가 정보를 제공하거나 유사한 유물을 추천한다(오순영 · 하정우, 2024). 이렇듯 단순한 관람을 넘어, 개인의 특성을 반영한 맞춤형 경험을 제공해 사용자 만족도를 높여 준다.

한 걸음 더 나아가, 증강 현실 환경에서는 역사 유적지나 문화유산의 이미지 데이터를 분석해 미세한 변화나 훼손 징후를 실시간으로 감지함으로써 보존 가치도 향상한다. 또한 시간이 지나면서 놓치기 쉬운 문화적 맥락의 차이를 선명히 드러내 문화유산의 보존과 전승에 중요한 역할을 한다.

한편 확장 현실 기반의 가상 협업 환경에서는 인공지능이 참여자들의 표정, 목소리 톤, 발언 내용을 분석해 소외되는 참여자나 잠재적인 갈등 상황을 감지하고, 해결 방안을 제안함으로써 협업의 질을 높인다. 이는 다양한 배경과 경험을 가진 참여자들의 다름을 조화롭게 융합해 시너지를 창출하도록 돕는다. 또한 업무 수행이나 훈련 시뮬레이션에서 인공지능은 행동 데이터를 분석해 비효율적인 동작이나 잠재적 위험 요소를 감지하고, 개선 방향을 제시함으로써 개인의 특성을 고려한 맞춤형 훈련을 제공한다. 이를 통해 학습 효과를 극대화할 수 있다.

이처럼 확장 현실 기술과 결합한 인공지능 기반 이상 탐지는 단순히 가상 세계를 체험하는 것을 넘어, 개인의 경험을 최적화하고 새로운 통찰을 제공하는 핵심적인 역할을 한다. 이러한 기술은 우리의 세상 이해 방식을 근본적으로 변화시키며, 다름의 가치를 풍요롭게 발전시키는 촉매제가 되고 있다.

디지털 시대, 다양성의 역설과 상생의 길

인공지능 기반 이상 탐지 기술은 개인의 고유한 특성과

패턴을 정교하게 식별하고 분석할 수 있는 수준으로 발전하고 있다. 개인별 맞춤형 서비스와 콘텐츠가 가능해졌으며, 이러한 기술적 진보는 개인의 고유성과 다양성을 더욱 부각하는 긍정적인 결과를 낳고 있다. 그러나 개인의 특성을 중시하고 독특함을 강조하는 과정에서 개인의 고립이나 사회적 분열로 이어질 가능성도 존재한다. 이러한 현상은 다양성을 추구하다가 오히려 사회적 연결을 약화하는 '다양성의 역설'로 나타날 수 있다(Bai et al., 2020).

이러한 역설을 극복하고 진정한 다양성의 가치를 실현하기 위해서는, 개인의 다양성을 존중하면서도 사회적 통합을 이루는 새로운 접근이 필요하다. 이를 위해서는 공동체 의식을 강화하고, 상호 존중과 이해를 바탕으로 한 소통 문화를 조성하는 것이 중요하다. 특히 개개인의 개성이 강화되는 현대 사회일수록 이런 통합적 문화의 정착은 시급한 과제다. 소통 문화가 부재한 환경에서는 개성의 극단화로 인한 갈등과 분열이 더욱 첨예해질 수 있다(李開復 · 陈楸帆, 2023).

미래 세대가 다름의 가치를 존중하고 인공지능 시대에 적응하기 위해서는 몇 가지 핵심 역량이 요구된다.

첫째, 비판적 사고 능력을 함양하는 교육이 필요하다.

이는 단순히 정보를 습득하는 것을 넘어, 정보의 출처와 의도를 분석하고 다양한 관점을 비교해 객관적 판단을 내릴 수 있는 능력을 키우는 것이다. 예를 들어, 뉴스 리터러시 교육과 토론 수업을 통해 학생들의 비판적 사고를 강화할 수 있다.

둘째, 디지털 리터러시 교육이 중요하다. 코딩과 데이터 분석, 인공지능의 윤리적 사용과 데이터 보안에 대한 교육을 통해 학생들이 기술의 특징과 한계를 이해하고 디지털 시민으로서 역량을 갖추도록 지원해야 한다.

셋째, 공감과 소통 능력을 향상하는 프로그램을 개발하고 보급해야 한다. 역할극, 감정 일기 쓰기, 비폭력 대화 훈련 등을 통해 학생들이 타인의 감정을 이해하고 효과적으로 소통할 수 있도록 돕는 것이 필요하다.

마지막으로, 인공지능 기술 개발과 활용 과정에서 윤리적 고려를 반영하고 사회적 책임을 다하기 위한 지침과 법률을 마련해야 한다. 이를 위해 다양한 이해관계자들이 참여하는 공론의 장을 마련하고, 사회적 합의를 바탕으로 윤리 지침을 지속해서 보완해야 한다(박태웅, 2024).

머리가 차가워질수록 가슴은 따뜻해져야 하듯, 기술이 예리해질수록 이를 대하는 마음가짐은 더욱 부드러

워야 한다. 배는 양쪽의 노를 균형 있게 저어야 앞으로 나아갈 수 있다. 그중 어느 쪽이든 홀로 부단히 저어서는 그저 제자리만 돌 뿐이다. 초현대 사회에서 다양성을 추구하는 과정에서 나타나는 여러 과제는 기술 발전과 인문학적 가치의 조화로운 균형 속에서 해결의 실마리를 찾아야 한다. 기술의 진보와 인간 중심적 접근이 한데 어우러지는 곳에서 우리는 지속 가능한 미래를 열어 나갈 수 있을 것이다.

참고문헌

딥앤와이랩스(2023). 『2024 AI 트렌드』. 한스미디어.

맹성현(2024). 『AGI 시대와 인간의 미래』. 헤이북스.

박태웅(2024). 『박태웅의 AI 강의 2025』. 한빛비즈.

오순영 · 하정우(2024). 『2025 AI 대전환 : 주도권을 선점하라』. 한빛비즈.

李開復 · 陈楸帆(2021). *AI 2041: Ten Visions for Our Future.* 이현 옮김(2023). 『AI 2041』. 한빛비즈.

Bai, X., et al.(2020). As diversity increases, people paradoxically perceive social groups as more similar. *Proceedings of the National Academy of Sciences, 117*(23), pp.12741-12749.

Stanford Human-Centered Artificial Intelligence(2024). Artificial intelligence index report 2024. Stanford, United States: Stanford University.

서호건

한국원자력연구원(KAERI) 인공지능응용연구실 선임연구원이자 과학기술연합대학원대학교(UST) 인공지능 전공 부교수와 한국비파괴검사학회(KSNT) 국제협력이사를 겸임하고 있다. 한양대학교에서 기계공학 학사(2013)와 융합기계공학 박사(2018) 학위를 취득했고, 박사학위 논문으로는 "음향 선형 비선형 합성 개구 영상화"를 발표했다. 광주과학기술원 박사후연구원으로 연구 경력을 시작해, 2019년부터 한국원자력연구원에서 인공지능 응용 연구에 매진하고 있다. 주요 연구 분야는 시계열 데이터 이상 탐지, 멀티모달 데이터 융합, 자율 비파괴검사 기술 등 첨단 인공지능 기술 전반에 걸쳐 있으며, 최근에는 대형 멀티모달 모델과 시뮬레이션 가속화 기술을 활용해 공학적 난제를 해결하는 데 주력하고 있다. 이러한 연구는 산업 현장의 실질적 문제 해결과 기술 혁신으로 이어져, 학문적 기여를 넘어 지속가능한 사회적 가치를 창출하는 데 이바지하고 있다. 세계비파괴검사학술대회(WCNDT)에서 젊은 연구자에게 수여하는 상(The Young Achiever Award)(2024)을 비롯해, 한국비파괴검사학회 공로상(2024), 제어로봇시스템학회 우수신진연구자상(2021), 한국로봇학회 신진연구자상(2019)을 수상했다. 또한 국가과학기술인력개발원(KIRD) 우수교수상(2022, 2023)을 연속으로 수상하며, 학계와 산업계를 아우르는 공학자로서의 전문성을 인정받고 있다.